EXETER HISPANIC TEXTS

Founded by Keith Whinnom and J.M. Alberich

General Editor: W.F. Hunter

LVI

VIDA DE SEGUNDO

EXETER HISPANIC TEXTS

General Editor: W.F. Hunter

XLIX Pedro Manuel Ximénez de Urrea **Penitencia de amor (Burgos, 1514)**
edited by Robert L. Hathaway

L **'Ensaladas villanescas' associated with the 'Romancero nuevo'**
edited by John Gornall

LI Emilia Pardo Bazán **Poesías inéditas u olividadas**
edited by Maurice Hemingway

LII Constanza de Castilla **Book of Devotions**
Libro de Devociones y oficios
edited by Constance L. Wilkins

LIII Salvador Rueda **El ritmo**
edited by Marta Palenque

LIV Miguel de Unamuno **Political Speeches and Journalism (1923–1929)**
edited by Stephen Roberts

LV Hernán Chacón **Tractado de la cauallería de la gineta**
edited by Noel Fallows

Volumes prior to Volume XLIX are available while stocks exist from the Department of Spanish, University of Exeter.

VIDA DE SEGUNDO

Versión castellana de la
Vita Secundi
de Vicente de Beauvais

Edición de Hugo O. Bizzarri
Universidad de Buenos Aires

UNIVERSITY
of
EXETER
PRESS

First Published in 2000
by University of Exeter Press
Reed Hall, Streatham Drive
Exeter, Devon EX4 4QR
UK
www.ex.ac.uk/uep/

ISSN 0305–8700
ISBN 0 85989 675 7

British Cataloguing in Publication Data
A catalogue record for this book
is available from the British Library

Printed and bound in Great Britain by
Short Run Press Ltd, Exeter

a María Fernanda
Krone des Lebens,
Glück' ohne Ruh,
Liebe, bist du!

Unas palabras iniciales...

Al concluir mi libro *Diálogo de Epicteto y el emperador Adriano (Derivaciones de un texto escolar en el siglo XIII)* señalaba la necesidad de estudiar la versión castellana de la *Vita Secundi*: "Sería necesario revisar y completar lo hecho por H. Knust (1868 y 1878) y estudiar detenidamente la difusión de esta obrilla en Castilla. Su inclusión como capítulo final en varias copias de la obra *Bocados de oro* y fundamentalmente su ingreso al gran proyecto historiográfico alfonsí otorgan a *Segundo* un relieve que no tuvieron ni *Teodor* ni *Epicteto*" (p. 134). Y si bien pensaba dejar esa tarea a futuros investigadores, una fugaz estada en el Warburg Institute de Londres y en la Biblioteca Nacional de Madrid en agosto-septiembre de 1995, me permitió echar mano a la obra que, por entonces, me parecía imposible realizar.

La tradición castellana de la *Vita Secundi,* sabiamente estudiada por Hermann Knust, me sugería importantes vías de investigación que los estudiosos de la tradición oriental y occidental, desde una perspectiva ultrapirenaica, no podían advertir. Obviamente, trazar las líneas de desarrollo de una obra con difusión en toda la Romania obliga a una homogenización de la tradición que nos oculta los verdaderos móviles que motivaron su surgimiento o difusión en cada lugar. Tanto más cuando se trata de una obra como ésta, originada en el siglo II d.C. y de difusión tanto por Oriente como por Occidente.

Este trabajo surgió de la necesidad de estudiar los factores que fomentaron la acogida en suelo español de la *Vita Secundi.* Contestarme esta pregunta me ha llevado a replantearme el aspecto textual de este diálogo y emprender un trabajo editorial que no se llevaba a cabo hace más de una centuria. Sin embargo, contrariamente a lo que pudiera pensarse, uno de los obstáculos fundamentales con los que me he topado en mi trabajo ha sido la falta de ediciones de rigor científico de obras tales como los *Specula* de Vicente de Beauvais o el *Liber de vita et moribus philosophorum* de Walter Burley. Estas enciclopedias —a cuya lista habría que agregar otras tantas como los *Dicta et facta* de Valerio Máximo— son las grandes difusoras de la cultura en la Edad Media, cuya gravitación en las literaturas vulgares ha sido reiteradamente probada. Mientras no se cuente con ediciones científicas que nos presenten sus derivaciones y variantes textuales, toda relación que se establezca con ellas será necesariamente provisoria y estará sujeta a revisión.

El grueso de este estudio está abocado a la derivación castellana de la *Vita Secundi* en versión de Vicente de Beauvais. No obstante, no he dejado de lado la de Walter Burley, cuya versión de la *Vita Secundi* relego al puesto secundario de apéndice con el sólo fin de evitar al lector penosas excursiones a libros de difícil acceso. Con este estudio, he querido completar el dedicado a *Epicteto* y al desarrollo de estos diálogos de preguntas y respuestas enigmáticas en suelo español.

H. O. B.
La Plata, diciembre de 1998

Abreviaturas

AE: *Adrianus et Epictitus* (véase Suchier [1955]).
AHE: *Altercatio Hadriani Augusti et Epicteti Philosophi* (véase Daly y Suchier [1939]).
BOOST3: *Bibliography of Old Spanish Texts.*
DPA: *Disputatio regalis et nobilissimi juvenis Pippini cum Albino scholastico* (véase Daly y Suchier [1939]).
Epicteto: *Diálogo de Epicteto y el emperador Adriano* (véase Bizzarri [1995]).
SH: *Speculum Historiale* (véase Perry [1964]).
WM: *Vita Secundi de greco in latinum translata a magistro Willelmo Medico* (véase Daly y Suchier [1939]).

Introducción

"Sólo se puede contemplar la literatura europea como conjunto después de adquirir carta de ciudadanía en todas y cada una de sus épocas, desde Homero hasta Gœthe".
E. R. Curtius

A) La tradición literaria

1. Estadio primitivo de redacción: la versión griega

La *Vita Secundi* es, sin lugar a dudas, el diálogo de preguntas y respuestas enigmáticas más difundido en oriente y occidente[1]. Su origen se halla en el siglo II o primeras décadas del siglo III de nuestra era en una versión griega, la Bίος Σεκούνδου, que consta de la narración de la Vida del filósofo más veinte preguntas encabezadas por la fórmula Tί ἐστι, cuya respuesta incluye, por lo general, una definición construida por series de dos palabras[2]. Las preguntas tocan los más diversos

[1] He presentado un desarrollo histórico de esta corriente en Castilla en mi libro *Diálogo de Epicteto y el emperador Adriano (Derivaciones de un texto escolar en el siglo XIII)*, Frankfurt am Main, Vervuert-Iberoamericana, 1995 (Medievalia Hispanica, Vol. 1), pp. 7- 23. Para su entronque europeo véase Lloyd W. Daly y Walther Suchier, *The Altercatio Hadriani et Epicteti Philosophi and the Question-and-Answer Dialogue*, Illinois, Studies in Language and Literature 24, 1939, pp. 20-44.

[2] M. E. Revillout ("Vie et sentences des Secundus, d'après divers manuscrits orientaux", *Academie des Inscriptions et Belles-Lettres, Comptes Rendus*, I Nº 3 (1872), pp. 256-354, esp. 247) fechó a esta obra en el siglo V, basándose en una mala lectura de la pregunta Nº 17 del texto griego: Tί ἐστι μόναχος (qué es monje) por μονομάχος (gladiador), sosteniendo que en esa centuria los monjes hacían la guerra a los

motivos y están encauzadas a un saber unido a conocimientos más bien prácticos que espirituales[3]. Esta Vida narra la historia de Segundo, un filósofo que observó silencio pitagórico durante toda su vida, cuya versión griega traducimos a continuación[4].

> Segundo fue un filósofo. Durante toda su vida se dedicó a la filosofía y, guardando un silencio riguroso, llevó una vida pitagórica. La causa de su silencio fue ésta. Siendo un niño, Segundo fue enviado a las escuelas a estudiar y, estando en ellas, murió su padre. Escuchó allí frecuentemente la advertencia de que toda mujer puede ser tentada; la casta es aquella que pasa inadvertida. Cuando llegó a ser hombre, regresó a su hogar con el aspecto de un seguidor de los cínicos: portando un bastón, una alforja de cuero y dejándose crecer el cabello de la cabeza y la barba. Se hospedó en la casa de su propio padre, sin que los sirvientes de la casa ni su propia madre lo reconocieran. Queriendo comprobar si lo que había aprendido de las mujeres era verdad o no, llamó a una de las sirvientas y le prometió seis piezas de oro si le concretaba una entrevista con su señora. La doncella, aceptando el dinero, persuadió a su señora por la promesa de cincuenta monedas e hizo un pacto con ella, diciendo: "Al anochecer lo haré entrar secretamente a mi cámara y dormiré con él". Portando esta noticia la doncella, el filósofo envió lo necesario para la cena. Una vez que hubieron cenado y cuando se levantaron para ir a la cama, ella esperaba tener relaciones carnales con el extraño; sin embargo, el filósofo la abrazó como si fuera su propia madre y, fijando sus ojos sobre sus pechos que lo habían amamantado, se acostó y durmió hasta la mañana. Cuando asomó la primera luz de la mañana, Segundo se dispuso a marchar, pero ella puso sus manos sobre él, y le dijo: "¿Has hecho esto sólo para

---

paganos. Pero J. Bachmann (*Die Philosophie des Neupythagoreers Secundus*, Berlín, 1888, p. 21 nota) enmendó dicho error textual, datando a la obra en el siglo II o III de nuestra era (p. 44).

[3] Ben Edwin Perry ("The Origin of the Book of Sindibad", *Fabula*, 3 (1960), pp. 1-94, esp. p. 84) sostuvo que esta "romántica biografía", como la define, está escrita para la educación de un público lector ingenuo.

[4] Texto griego y traducción inglesa han sido publicados por Ben Edwin Perry en su imprescindible estudio, al que tantas veces recurriremos, *Secundus the Silent Philosopher*, Philological Monographs Published by the American Philological Association XXII, Ithaca, Cornell U. P., 1964, pp. 68-91.

probarme?" Y él respondió: "No, señora madre; yo me contengo, pues no es justo que manche el lugar por el que nací". Ella le preguntó quién era, y él le respondió: "Yo soy Segundo, tu hijo". La mujer, condenándose a sí misma e incapaz de soportar tal ignominia, se ahorcó. Segundo, concluyendo que por sus palabras muriera su madre, se impuso la prohibición de no hablar por el resto de su vida. Más tarde llegó a Atenas el emperador Adriano y, escuchando hablar de Segundo, lo hizo traer ante su presencia, pues ninguna cosa buena se le escapaba. Cuando lo tuvo delante, se levantó primero y lo saludó, pero Segundo guardó su acostumbrado silencio. Adriano le dijo: "Habla, filósofo, así aprenderemos algo de ti. No es posible observar tu sabiduría si callas". Pero, a despecho de esto, Segundo permaneció callado. Adriano le dijo: "Segundo, antes de que yo llegase a ti, era bueno que mantuvieras silencio, puesto que tú no tenías ningún oyente más distinguido que tú mismo, ni uno que pudiera conversar contigo de igual a igual. Pero ahora estoy ante ti, y te demando esto: Habla, lleva tu elocuencia al punto más alto de su excelencia". A pesar de todo, Segundo no se turbó ni temió al emperador. Adriano, perdiendo la paciencia, dijo a uno de su séquito, un tribuno: "Haz que el filósofo nos hable". El tribuno le contestó fiel a la verdad: "Es posible persuadir leones y leopardos y otras bestias salvajes a hablar con voces humanas, pero no a un filósofo que no lo desea hacer". Entonces llamó a un verdugo, que era griego, y le dijo: "No deseo que viva ningún hombre que no desee hablar con el emperador Adriano. Tómalo y castígalo". Adriano, no obstante, llamó aparte al verdugo y le dijo: "Cuando lleves fuera al filósofo, aconséjale e incítalo a hablar. Si lo persuades, córtale la cabeza; pero si no te responde, tráemelo ileso". Segundo fue llevado en silencio, y el verdugo le habló mientras iban al Pireo, que era el lugar en que acostumbraban torturar a las personas. Y el verdugo le dijo: "Segundo, ¿por qué buscas la muerte persistiendo en tu silencio? Habla y vivirás. Basta una palabra para concederte la dádiva de la vida. Mira: el cisne canta antes de morir y todas las otras aladas criaturas lanzan sonidos con la voz que la naturaleza les ha dado. No hay cosa viviente que no tenga voz. Así, reconsidéralo y cambia tu actitud. El tiempo que habrás ganado con ello será abundante por tu silencio". Con estas y otras palabras trató de animarlo a hablar e inducirlo a caer en la trampa. Pero Segundo, menospreciando su vida y silenciosamente esperando la muerte, no se inmutó por lo que le había dicho. Luego de llevarlo al lugar acostumbrado, el verdugo le dijo: "Segundo, extiende tu cuello para recibir el golpe mortal". Segundo extendió su cuello y se despidió de la vida en silencio. El verdugo le mostró la espada desnuda, y le dijo: "Segundo, líbrate de la muerte con la palabra". Pero Segundo no habló. En consecuencia, el verdugo lo tomó, lo regresó a Adriano, y dijo: "Mi señor, he traído nuevamente a Segundo igual que cuando tú me lo distes, silencioso hasta la muerte". Adriano, maravillado por la constancia del filósofo en su propósito, se levantó y le dijo: "Segundo, observando silencio te has impuesto a ti mismo una forma de ley, y yo no tuve el poder de quebrantarla. Ahora, pues, toma esta tablilla y escribe en ella, y conversa conmigo valiéndote de tus manos". Segundo tomó la tablilla y escribió lo siguiente: "Por mi parte, Adriano, no estoy ante ti temeroso de la muerte. Tú tienes el poder de matarme, porque en este momento eres el soberano. Pero es todo. Tú no tienes poder sobre las expresiones y palabras que yo elija para hablar". Adriano leyó esto, y dijo: "Tu propia defensa es buena; pero, mira, respóndeme sobre otros temas. Tengo veinte preguntas que plantearte y la primera es: ¿Qué es el universo?" Segundo escribió para responder: "El universo, Adriano, es el sistema de los cielos y la tierra y todas las cosas en ellos y de estos te hablaré un poco más tarde, si tú prestas atención a lo que ahora diré. Tú también, Adriano, eres un ser humano como el resto de nosotros, sujeto a todo tipo de accidentes, puro polvo y corrupción. La vida de las bestias brutas es así. Algunas están vestidas con escamas, otras con hirsutos pelos, algunas son ciegas, algunas están adornadas con belleza, todas tienen vestimentas y recursos de protección con los cuales nacieron y que les ha dado la naturaleza. Pero tú, Adriano, como sucede, estás lleno de temores y recelos. En el viento rugiente del invierno, tú estás muy conmocionado por el frío y el escalofrío, y en el verano estás apesadumbrado por el calor. Tú estás inflado y lleno de agujeros como una esponja. Porque hay termitas en tu cuerpo y multitud de piojos, que trazan surcos en tus entrañas, y estrías arden en ti, como las líneas hechas por los que graban con el fuego. Siendo una efímera criatura y lleno de debilidades, es previsible seas cortado y desechado, calcinado por el sol y helado por el viento invernal. Tu risa es sólo el comienzo de tu dolor, porque la risa se vuelve lágrimas. ¿Cuál es la necesidad que controla nuestras vidas? ¿Es el destino mandado por el cielo o una fortuna personal caprichosa? No sabemos de dónde viene. Hoy está ya pasando delante de nosotros, y lo que mañana será nosotros no lo sabremos. No pienses ligeramente, o Adriano, lo que estoy diciendo. No te jactes que tú solo has recorrido el mundo con tus viajes, porque sólo el sol y la luna y las estrellas van realmente recorriendo el mundo. Más aún, no te consideres el hermoso, grande, rico y amo de todo el mundo. ¿Tú no sabes que, siendo un hombre, has nacido para ser un juguete de la vida, inerme en las manos de la Fortuna y el Destino, algunas veces exaltado, en otras humillado hasta la misma sepultura? ¿No serás capaz de aprender lo que es la vida, Adriano, a la luz de muchos ejemplos? Considera qué rico con sus doradas uñas era el rey de los Lidios; grande como un comandante de ejércitos era el rey de los Danaos, Agamenón; atrevido e intrépido era Alejandro, rey de los Macedonios; Heracles era audaz; los Cíclopes, salvajes e indómitos; Odiseo, sagaz e ingenioso, y Aquiles hermoso de ver. Si Fortuna apartó de estos hombres esas cualidades que les eran propias, cuánto más probablemente lo hará en tu caso. Tú no eres hermoso como Aquiles, ni sagaz como Odiseo, ni indómito como los Cíclopes, ni intrépido como Heracles, ni atrevido ni valiente como Alejandro, ni como un comandante de los ejércitos de Agamenón, ni rico como Giges, el rey de los Lidios. Estas cosas, Adriano, he escrito a modo de prefacio. Ahora procedamos de acuerdo con tus preguntas".

A continuación siguen las veinte preguntas, cuyo orden y temario es el siguiente: universo, océano, Dios, día, sol, luna, tierra, hombre, belleza, mujer, amigo, labrador, gladiador, nave, navegante, riqueza, pobreza, vejez, sueño y muerte. Como se puede observar, en realidad la obra posee veintiuna respuestas, pues la primera pregunta (¿Qué es el universo? [Τί ἐστι κόσμος]), se reitera, aunque con diferente respuesta. La tradición posterior no siempre conservó la pregunta que se entrelaza en la Vida, sin que esto haya significado un desmedro en la unidad de las dos partes que constituyen la obra[5]. Esta Vida, reelaborada una y otra vez, mostrará leves variantes en sus descendientes.

Este pequeño diálogo fue impreso fragmentariamente en 1639 por

[5] Las preguntas, por momentos, parecen agruparse según la técnica retórica de la *antítesis*, recurso muy utilzado en la Antigüedad clásica y que perduró aún en la Edad Media. Véase E. R. Curtius, "Retórica", cap. IV de *Literatura europea y Edad Media latina*. Traducción Margit Frenk y Antonio Alatorre, México, FCE, 1975, vol. I, pp. 97-121, y Bice Mortara Garavelli, *Manuale di retorica*, Milán, Bompiani,1989, pp. 243-244.

Lucas Holstein[6] y en 1819 por J. K. Orelli[7]. Ambos eruditos señalaron que este filósofo es idéntico a uno mencionado por Filóstrato en su *Vida de los sofistas*[8]. Por los datos que ofrece este autor, Segundo fue un sofista con el apodo de ἐπίουρος, puesto que su padre era carpintero, enseñó a Herodes Attico y escribió ejercicios retóricos. P. Cassel apuntó que las preguntas nada tienen que ver con el personaje histórico[9]. Pero hoy día la crítica es más reticente en este sentido y no encuentra sólidas conexiones entre ambos filósofos. Así, Lloyd William Daly señala, con acertado criterio, que no puede buscarse una estricta correspondencia entre este tipo de obras populares y la realidad, inclinándose, por tanto, a conjeturar un origen legendario para este sabio, puesto que era proverbial la preferencia de Adriano por los filósofos de su tiempo, con los cuales frecuentemente conversaba[10]. Ben Edwin Perry ofrece una razonable explicación de la enorme difusión de este diálogo entre los cristianos de oriente y en la Edad Media europea: la obra, habiendo sido incorporada a martirologios elaborados en oriente y debido a su marcado contenido sapiencial, adquirió un carácter edificante comparable a las vidas de santos, mártires, patriarcas y los oráculos de los profetas[11]. Esta hipótesis apoya la opinión vertida previamente por Hermann Knust de que el autor de esta obra debió de ser un cristiano, pues hallaba en la pregunta treinta y tres de la versión castellana influencia de *Hebreos* 11: 1[12].

---

[6] *Demophili, Democratis et Secundi veterum philosophorum sententiæ*, Lyon, 1639.

[7] *Opuscula græcorum veterum sententiosa et moralia*, vol. I, Leipzig, 1819, pp. 216-226. Holstein y Orelli editan una copia fragmentaria que sólo posee las preguntas.

[8] Bachmann (*Die Philosophie*, pp. 47-48) volvió a poner de relieve esta identificación.

[9] *Mischle Sindbad, Secundus, Syntipas*, Berlín, 1891, p. 344.

[10] *Altercatio*, pp. 45 y 53.

[11] *Secundus*, p. 63. Efectivamente, en otro pasaje Perry afirma: "Both the Arabic and the Aethiopic versions of *Secundus* have been transmitted in a Christian environment exclusively, and there can be no doubt that both of them were translated and modified by Christian authors" (p. 62).

[12] "Dies in der Kürze der Inhalt der kleinen Schrift, welche in ihrer jetzigen Beschaffenheit einen Christen zum Verfasser haben muss. Denn in einer der Antworten ist der Einfluss von Hebr. XI, 1. nachweisbar. Der Glaube ist nämlich marauillosa certidunbre de la cosa que no es conoscida" , "Ein Beitrag zur Kenntnis

El otro punto que interesó a los eruditos concerniente a la génesis de la obra es determinar si Vida y Sentencias tuvieron un mismo origen o si fueron producciones independientes que luego se unieron. Para Cassel, Vida y Sentencias están pobremente ligadas[13]. Bachmann[14] es de la misma opinión al observar que la pregunta número 10 —Nº 9 en la versión castellana—, ¿Qué es la mujer? (Τί ἐστι γυνή), no coincide con la tesis fundamental de la obra: que no hay mujer casta. Y, por tanto, opina que Vida y Sentencias están débilmente unidas, preguntándose si ambas tuvieron origen en la tradición griega: "Liesse sich nun darthun, dass die *Sentenzen* von Anfang an mit der *Vita*, deren griechischer Ursprung uns festzustehen scheint, eng verbunden waren als Product eines Verfassers, so würde damit zugleich der griechische Ursprung der Aussprüche erwiessen sein" (p. 13). Para Bachmann, en algún momento Vida y Sentencias circularon separadas (p. 14), opinión que no es enteramente desacertada, pues la independencia entre Vida y Sentencias se da en algunos manuscritos de la versión griega. Hay seis manuscritos en los que se hallan la Vida y Sentencias de Segundo, el más importante de ellos el Codex Vat. Reginensis Gr. 10, del siglo XI, fols. 299r-302r; ocho, por el contrario, son los que sólo presentan las Sentencias, ya sea en forma completa o una selección de ellas[15]. Además de esto, hay que recordar que tanto la edición de Holstein como la de Orelli se basan en un manuscrito que posee sólo las Sentencias de Segundo. Es posible que estas ediciones hayan ayudado a que Bachmann se forme la imagen de una etapa primitiva de transmisión independiente de Vida y Sentencias[16]. Daly, por el contrario, reflexionando sobre las objeciones planteadas por estos dos estudiosos, llega a la conclusión de que las dos partes de la obra debieron de ser compuestas conjuntamente: "On the ground of these objections to the reasoning of Cassel and Bachmann, I believe that there is still some possibility of maintaining that the 'Life and Questions'

---

der Eskurialbibliothek", *Jahrbuch für romanische und englische Literatur*, 10 (1868), pp. 148-149, en la p. 149.

[13] *Mischle*, pp. 339-340.

[14] *Die Philosophie*, p. 14.

[15] Perry (*Secundus*, pp. 10-23) presenta el catálogo completo de manuscritos y su filiación.

[16] El propio Bachmann (*Die Philosophie*, pp. 17-22) edita, aunque con basamento textual más amplio, sólo las Sentencias.

were written at the same time and belong together"[17].

Esta aparente disociación no se da en la versión de Walter Burley, pues en la definición de mujer (Nº 22) se dice que ésta es "adulterii vas", lo cual une la sentencia a la terrible respuesta que Segundo dio a su madre: "Nequaquam, domina mater, neque enim dignum est uas maculare unde exiui" (fol. 50v)[18]. Sin duda, al seguir Burley de cerca la reelaboración que Guillermo Médico realizó de esta obrilla en la segunda mitad del siglo XII[19], conservó la estrecha unión que el abad otorgó a ambas partes del texto al repetir la misma imagen en su sentencia Nº 11 (Nº 22 en Burley).

2. La tradición oriental: versiones siria, armenia, etiópica y árabe

La versión griega gozó de una gran popularidad y dio origen a una larga descendencia en Oriente. Encontramos una versión armenia en el siglo VII y una siria en el siglo IX que siguen muy de cerca la versión griega. Finalmente, en el siglo X hay una árabe conocida por Masūdī († 956 d.C.), puesto que la menciona en su obra *Kitābu'l Tanbīh wa'l Ishrāf*[20], y de aquí se realizó una al etiópico[21].

La versión siria se conserva en un volumen de la British Library, actualmente de treinta folios, que recoge varias obras independientes[22]. De la Βίος Σεκούνδου, sólo se conservan el fin de la biografía y la pregunta Nº 20. El texto comienza en el momento en que el emperador increpa a Segundo a hablar. El texto posee una laguna al pasar del folio 1r al 1v que atañe a la escena en que el emperador instruye a su servidor para que persuada a Segundo a romper su silencio, y otra al final del folio 1v que hace saltar el texto del final de la Vida a la pregunta Nº 20 de la versión griega, ¿Qué es la muerte? (Τί ἐστι θάνατος). Perry

---

[17] *Altercatio*, p. 48.

[18] Nuestras citas del texto de Burley estarán hechas del manuscrito de la Biblioteca Nacional de Madrid Vit. 18-7. Véase la transcripción en nuestro "Apéndice".

[19] Para la importancia de este personaje en la difusión de la *Vita Secundi*, remitimos al punto 3 de esta "Introducción".

[20] Perry, *Secundus*, pp. 17-20, y "The Origin", p. 35.

[21] Perry, "The Origin", p. 85.

[22] Esta versión fue publicada por E. Sachau en *Inedita Syriaca*, Viena, 1870, pp. 84-88. Hay reproducción en el Apéndice I de Perry, *Secundus*, y traducción en las pp. 104-107.

observó que, en la Vida, el autor expande la narración sin agregar nada nuevo a la historia[23].

La *Vita Secundi* aparece mencionada en algunas crónicas armenias entre los siglos X y XIII y se conserva casi íntegramente en la obra *Bankh Imastasirats, Dichos de filósofos* (s. VII)[24]. Faltan sólo unas pocas líneas del comienzo de la Vida; en lo que resta, sigue muy de cerca la versión griega, de la cual conserva inclusive la pregunta entrelazada en la biografía[25].

Mayor repercusión tuvo la *Vita Secundi* en el mundo árabe, llegando a influir en la historia marco de las *Mil y una noches* y del *Sendebar*[26]. La versión árabe posee dos redacciones: una extensa y otra breve. La extensa es datada con amplias razones por Perry en la primera mitad del siglo IX o, a más tardar, del siglo X. Sobre la rama β del texto griego[27], esta versión presenta muy reelaboradas tanto la Vida como las Sentencias[28]. En opinión de Perry, la traducción árabe es una versión ampliada, pero, de hecho, no añade nada nuevo a la historia griega y sólo amplía el número de demandas a cincuenta y tres[29]. Segundo es el hijo de un hombre rico, quien lo envía a las escuelas a estudiar,

---

[23] *Secundus*, p. 54.

[24] Perry, *Secundus*, pp. 55-58.

[25] Esta versión fue editada por P. J. Dashian, "Das Leben und die Sentenzen des Philosophen Secundus des Schweigsamen in altarmenischer Übersetzung", *Denkschriften der Kaiserlichen Akademie der Wissenchaften*, Viena, 44 Nº 3 (1896). Fue reeditada por Perry en el Apéndice II de su *Secundus* y traducida al inglés en las pp. 108-118.

[26] Perry, "The Origin", pp. 17, y 84-9 y *Secundus*, pp. 59-64. Es de la misma opinión M. J. Lacarra (*Cuentística medieval en España: Los orígenes*, Zaragoza, Departamento de Literatura Española, 1979, pp. 26-7) para la elaboración de la versión castellana.

[27] *Secundus*, p. 62. "It is possible also, but not demonstrable, that the Arabic text in its present form, which is later than Ibnu'l Muqqaffā, is an expanded version made on the basis of an older Arabic version which was simpler and followed the Greek more closely", Perry, "The Origin", p. 85.

[28] La versión fue editada por Perry en el Apéndice III de su *Secundus* sobre la base del manuscrito árabe 150 de la Biblioteca Nacional de París. Escrito por un cristiano escriba en Egipto en el año 1606 d.C., contiene varios martirologios cristianos, homilías y, al final, la *Vita Secundi* (fols. 300-322).

[29] "The Origin", p. 85.

permaneciendo en ellas veinte años. Cuando le enseñan sobre la castidad de las mujeres, se pregunta a sí mismo: "¿Es mi madre una meretriz?" Segundo vuelve a sus libros y encuentra ahí una sentencia que dice que las cosas se las debe probar por experiencia antes de creerlas. Así, se decide regresar a su hogar con el fin de probar a su madre. Una vez en la ciudad, se acerca a una esclava perteneciente a su casa y le pregunta por su padre. Se entera, así, que murió hace veinte años. Ofrece dinero a la joven para que traiga a su ama, y esa noche Segundo y su madre tienen el encuentro amoroso. Como en la versión griega, al darse él a conocer, su madre misma se estrangula. Segundo promete guardar silencio perpetuo y vuelve a Atenas. El entonces rey, Adriano, se entera de que el sabio Segundo se impuso la pena del silencio y envía un mensajero para que lo traiga delante de él. Cuando Segundo llega a su corte, Adriano lo hace sentar a su derecha y le prodiga todo tipo de honras. Le ruega repetidamente que hable, pero el sabio no rompe su silencio. Adriano pierde la paciencia y dice al principal de su palacio que dará un talento de oro a quien remedie su corazón y lo haga hablar. Salán, el primo del rey, hombre muy modesto y lleno de respeto, dice: "¿Puede alguno de los consejeros reales hacer que las bestias voraces, los monstruos y animales brutos conversen con el rey?" Adriano se enfada y ordena a sus hombres que atrapen a Segundo. El emperador lo toma de los pies, lo saca del asiento real y lo arrastra a través de todo el palacio. Sin embargo, Segundo persiste en su silencio. El rey ordena llevarlo ante leones y bestias salvajes para atemorizarlo e impulsarlo a hablar, pero es imposible. Entonces, ordena a un guarda que lo lleve a la sala de tormentos y, si no habla, que le corte la cabeza; pero, en secreto, le ordena que lo persuada a pronunciar palabra y, si lo hace, que lo mate, y, si persiste en su silencio, que lo vuelva a traer ante sí. Efectivamente, Segundo no rompe su silencio. Adriano ensaya la posibilidad de comunicarse a través de una tabla y se inicia así una fluida conversación en la que Segundo da muestras de su sabiduría y discreción y, mediante una parábola, explica su historia. Adriano, maravillado por la sabiduría del sabio, le hace una lista de cincuenta y tres preguntas que presentan muchas diferencias en comparación con la tradición griega de este diálogo. Finalmente, Adriano hace que el libro sea depositado en sus archivos con el titulo: *Libro del sabio Segundo*.

La versión árabe breve se halla en la obra *al-Kalim ar-rūhānīya fi'l hikam al-Yūnānīya* de Abūl Farag ‘Ali b. al-Husain b. Hindū († ca. 1019), quien estudió medicina y filosofía griega en Nishapur[30]. Se relata tan sólo

[30] Perry, *Secundus*, pp. 156-160.

que Segundo fue un filósofo que se negaba a hablar. El rey lo trajo delante de sí y ante su silencio le entregó una tabla para que escribiera sus respuestas. Son un total de cincuenta y una preguntas.

Hay, además, un resumen de la *Vida* interpolada en la obra *Şiwān al-hikmah* de Abū Sulaymān al Manţiqī as-Sijistānī, autor del final del siglo X que perteneció al mismo círculo que ibn Hindū[31].

La versión etiópica se relaciona con la versión árabe extensa, aunque, en muchas ocasiones, como bien puntualizó Perry, se aleja de ella para acercarse a lecturas de la versión griega. Muy posiblemente haya que pensar en una versión común que ambas han seguido[32].

La amplia tradición árabe de la *Vita Secundi* hizo sostener a M. E. Revillout el origen oriental de esta obra[33]. Influido por él, Hermann Knust también propugnó el origen oriental de este diálogo, cuya tradición posterior se dividió en dos ramas: de una dependía la versión latina y española, de otra, la griega[34]. Bachmann[35] fue el primero en proponer la versión griega como la original, y actualmente Daly[36] y Perry[37] han demostrado con claridad el origen griego de toda la tradición de este texto[38].

3. La tradición occidental: versiones latinas

La difusión por Europa de la Βίος Σεκούνδου se produjo a partir del siglo

---

31 Perry, *Secundus*, p. 20 nota 29.

32 La versión etiópica fue editada por J. Bachmann, *Das Leben und die Sentenzen des Secundus des Schweigsamen*, Halle, 1887, y reproducida por Perry, *Secundus*, Apéndice IV. Son también muy útiles para conocer las similitudes y diferencias entre ambas versiones las notas que Perry coloca a la versión árabe extensa (pp. 119-160).

33 *Vie et sentences de Secundus, d'après divers manuscrits orientaux: Les Analogies de ce Livre avec les Ouvrages Gnostiques*, París, Imprim. Nationale, 1873.

34 *Mittheilungen aus dem Eskurial*, Tübingen, Bibliothek des Literarischen Verein in Stuttgart 141, 1879, p. 608. Dentro de esta misma rama, Knust coloca la *Altercatio Hadriani Augusti et Epicteti Philosophi.*

35 *Die Philosophie*, p. 13.

36 *Altercatio*, p. 50.

37 *Secundus*, pp. 10-23.

38 Incomprensiblemente, María Morrás, "Tratado de Segundo filósofo que fue en Athenas: Otro manuscrito inédito", *Bulletin of Hispanic Studies*, 67 Nº 3 (1990), pp. 279-284, esp. p. 280, vuelve a caer en el mismo error que Knust.

XII gracias a su traducción a la lengua latina. Hermann Knust creía que junto a la versión que incluye Vicente de Beauvais en su *Speculum historiale* (Lib. XI, caps. 70-71) debió existir una versión latina del texto griego[39]. Ello le llevó a citar, aunque sólo brevemente, la traducción que en la segunda mitad del siglo XII realizó Willelmus Medicus y que constituyó no sólo una traducción más de la obra y una verdadera reelaboración, sino también el puente para su enorme difusión en los siglos siguientes, tanto en versiones latinas como vulgares[40]. Willelmus Medicus (Willelmus Vapicensis o Guillermo de Gap) fue abad de Saint Denis entre 1175 y 1186. Este abad, según se dice en la sección correspondiente al año 1167 de los Anales de la abadía, realizó un viaje a Constantinopla del cual trajo muchos libros: "Hoc anno Willelmus Medicus attulit libros grecos a Constantinopoli"[41]. Muy posiblemente entre ellos se encontraba una versión de la Βίος Σεκούνδου, puesto que en el manuscrito latino de la Biblioteca Nacional de París 2495A, de mediados del siglo XIII, en su folio 80v, la obra presenta un colofón en el que se le atribuye esta obrilla: "Explicit uita secundi philosophi. de greco in latinum translata. a magistro Willelmo medico. natione prouinciali. hanc secum a constantinopoli detulit. post factus monachus in cenobio sancti dionisii. ac postremo perficitur abbas eiusdem loci"[42].

La gran novedad de la versión de Guillermo no se halla tanto en la Vida como en las Sentencias, que llegan al número de setenta y uno. A partir de la pregunta veintidós, adiciona material que los críticos han señalado como procedente de la *Altercatio Hadriani Augusti et Epicteti philosophi* y de la *Disputatio regalis et nobilissimi juvenis Pippini cum Albino*

[39] "Es ist also wohl erlaubt anzunehmen, auch die Unterredung, welche der griechische Text gibt, hier aber ein Theil der *Altercatio* ersetzt, werde sich in einer oder mehreren Handschriften der *Vita* finden, so dass wir eine vollständige lateinische Übertragung der griechischen Fassung neben derjenigen des Vicentius Bellovacensis besitzen würden. Wir hätten demnach zwei verschiedene lateinische Bearbeitungen, von welchen jede einen ihr entsprechenden Text in einer andern Sprache neben sich hat", *Mittheilungen*, p. 608.

[40] Efectivamente, la obra de Guillermo la cita sólo para señalar su diferencia con la rama belovacense de la tradición.

[41] Citado por Daly y Suchier, *Altercatio*, p. 59.

[42] La obra de Guillermo fue editada por Daly y Suchier, *Altercatio*, pp. 152-159, de la cual citamos, y por Perry, *Secundus*, pp. 92-100, quien reproduce el texto de Suchier sin el utilísimo aparato crítico.

Scholastico[43]. La *AHE* fue escrita en el siglo II y tuvo posteriormente una inmensa difusión, influyendo en la *DPA* y en la *Vita Secundi*. Sin embargo, de los once manuscritos que nos quedan, ninguno es anterior a la segunda mitad del siglo XV[44]. En su estado actual, la obra no posee historia marco y es posible que nunca la haya tenido. Consta de un total de setenta y tres demandas.

La *DPA* contiene ciento diez demandas, las ochenta y nueve primeras hechas por Pippino, presumiblemente el hijo segundo de Carlomagno († 810), y respondidas por Alcuino, el gran maestro que acompañó al emperador. En las restantes se invierte el orden: es Alcuino el que pregunta a Pippino, quien aparece como una suerte de *Enfant Sage*[45]. Según Daly, la *DPA* recibió influencia de la *AHE* en las demandas Nos. 7, 9, 10, 17, 50, 75, 105 y 108, y de la *Vita Secundi* en las demandas Nos. 6, 7, 8, 47, 50, 51, 56, 57[46].

Muchas son las hipótesis que se han esbozado sobre el origen de esta obra. F. Pfister señaló que Guillermo es sólo el traductor de la primera parte (las veintiuna primeras preguntas), y que ha sido el *explicit* el que le dio el carácter de autor de toda la obra[47]. Para Daly las

---

[43] Daly y Suchier, *Altercatio*, pp. 59-60; Perry, *Secundus*, pp. 32-33. La *AHE* fue editada por Suchier en Daly y Suchier, *Altercatio*, pp. 104-107. La *DPA* en Migne, *PL*, vol. 101, cols. 975-980, y en Daly y Suchier, *Altercatio*, pp. 137-143. Todas las citas serán tomadas de las ediciones de Suchier.

[44] Uno de los pocos que conserva la fecha de escritura es el manuscrito Ebenda (*olim* Biblioteca Estatal de Viena, 3103) del año 1484. Véase Daly y Suchier, *Altercatio*, p. 101.

[45] Con el nombre de *Enfant Sage* se ha designado generalmente toda la tradición del diálogo *Adrianus et Epictitus*. Véase W. Suchier, *L'Enfant sage (Das Gespräch des Kaisers Hadrian mit dem klugen Kinde Epitus). Die Erhaltenen Versionen herausgegeben nach Quellen und Textgeschichte Untersucht*, Dresden, Gesellschaft für romanische Literatur, vol. 24, 1910, y del mismo, *Das mittellateinische Gespräch Adrian und Epictitus nebst verwandten Texten (Joca monachorum)*, Tübingen, Max Nimeyer Verlag, 1955. Para su desarrollo en Castilla véase H. O. Bizzarri, *Diálogo de Epicteto*, pp. 13-18.

[46] Daly y Suchier, *Altercatio*, p. 82.

[47] *Wochenschrift für klassische Philologie*, 28 (1911), pp. 539-548. Reseña el trabajo de A. Hilka, "Das Leben und die Sentenzen des Philosophen Secundus des Schweigsamen in der altfranzösischen Literatur, nebst kritischer Ausgabe der lateinischen Übersetzung des Willelmus Medicus abtes von Saint-Denis", *Jahresbericht der Schlesischen Gesellschaft für vaterländische Kultur*, 88 (1910), pp. 6-23. Resumimos sus

Sentencias de la *Vita Secundi* en versión de Guillermo no debieron de ser tomadas de la *DPA* sino más bien derivar ambas de una misma fuente (x), muy posiblemente una versión latina, que la *Vita Secundi* preservó intacta, pero que la *DPA* expurgó[48]. En su opinión, pues, Guillermo sólo es el traductor de la Vida (p. 60). En cuanto a su relación con el original griego, Daly observa muchas diferencias y cree que ello se debe a que la obra se tradujo de una versión bizantina: "Both *Life* and *Questions* in their Latin form differ considerably from the Greek, and so it seems we have another Greek recension to take into consideration, undoubtedly Byzantine in origin"[49]. Perry, sin embargo, sostiene que la *DPA* y la *AHE* son la fuente de la cual se vale Guillermo para realizar su versión[50], y halla sobradas evidencias externas e internas para suponer que el abad de Saint Denis efectuó su traducción sobre la base de *R* (Codex Vat. Reginensis Gr. 10)[51].

La sección de la Vida sigue, efectivamente, muy de cerca la versión griega. Sólo elimina al final de ella la primera pregunta sobre el mundo, evitando así la repetición. ¿Habrá visto Guillermo en ese pasaje una repetición espuria? Las Sentencias, sin embargo, aun las que siguen el texto griego, en ocasiones poseen agregados ajenos y un orden diferente al del texto griego. Una tabla comparativa de las sentencias tal como las presenta Guillermo en relación a sus fuentes aducidas nos permitirá observar mejor sus correspondencias.

WM	*Gr.*	*DPA*	*AHE*
1	2		
2	2		
3	3		60
4	4		
5	5		
6	6		
7	7		
8	8		
9 (celum)	—		

conclusiones de Daly y Suchier, *Altercatio*, p. 59.

[48] Daly y Suchier, *Altercatio*, pp. 60 y 83.

[49] *Altercatio*, p. 58.

[50] *Secundus*, pp. 32-33. Las sentencias tomadas de la *AHE* son sólo dos: la Nº 27 (=*AHE* Nº 17) y la locución *qui omnia tenet* de la Nº 3 (=*AHE* Nº 60).

[51] *Secundus*, pp. 25-32.

WM	Gr.	DPA	AHE
10	9		
11	10		
12	11		
13	12		
—	13 (μονομάχος)		
14	14		
15	15		
16	16		
17	17		
18	18		
19	19		
20 (vita)	—		
21	20		
22		1	
23		2	
24		3	
25		4	
26		5	
27		18	17
28		19	
29		20	
30		21	
31		22	
32		23	
33		24	
34		25	
35		26	
36		27	
37		28	
38		29	
39		30	
40		32	
41		33	
42		34	
43		35	
44		36	
45		37	
46		38	
47		39	
48		41	
49		44	
50		43	
51		42	
52		45	
53		46	
54		48	

WM	*Gr.*	*DPA*	*AHE*
55		52	
56		53	
57		54	
58		55	
59		58	
60		59	
61		62	
62		63	
63		64	
64		65	
65		66	
66		80	
67		81	11
68		82	
69		83	
70		84	
71		85	

Hay, además, dos preguntas en Guillermo que reciben diferente respuesta en la versión de *AHE*:

> *WM* Nº 69: "Quid est spes? Refrigerium laboris, dubius eventus."
> *AHE* Nº 14: "H. Quid est spes? E. Vigilanti somnus, spectanti dubius eventus."
> *WM* Nº 70: Quid est amicicia? Equalitas animorum."
> *AHE* Nº 12: "H. Quid est amicitia? E. Concordia."

En suma, frente al gran apego a la fuente que muestra Guillermo en la Vida, en las Sentencias actúa como un innovador. Dos son las hipótesis que pueden conjeturarse para explicar esta disparidad.

a) La diferencia podría apoyar la tesis de Daly de un diverso origen para Vida y Sentencias. Guillermo —o los monjes de Saint Denis— poseía ambas en el manuscrito obtenido en Constantinopla. Hay que tener en cuenta que muy posiblemente, conociendo otros diálogos con preguntas similares, Guillermo haya adoptado una actitud diferente frente al corpus sapiencial y eso haya hecho que en la Vida trabajara como un traductor mientras que en las Sentencias lo hiciera como un reelaborador.

b) Habría que retomar en parte la tesis de Pfister y precisarla. Guillermo tradujo el texto del griego al latín para que fuera utilizado por los monjes menores. Las adiciones dentro del catálogo de preguntas originarias del texto griego así como la colección de nuevas preguntas que amplía el número de las mismas de ventiuna a setenta y una son obra de otra persona —un reelaborador o un copista— que adicionó en su parte final, es decir, luego de la pregunta Nº 21, el contenido de otro manuscrito que ofrecía una selección de preguntas tomadas de la *DPA*, con el deseo de tener en un solo diálogo todo el material de que disponía. La diferente ordenación de las preguntas que presenta Guillermo con respecto a la *DPA* se debe a la copia utilizada y no a un deseo de reordenar el *corpus*. Por otra parte, como hemos visto, no hay motivo para creer que Guillermo utilizara la *AHE*, pues todos los materiales se dan ya en la *DPA*.

La versión de Guillermo tuvo una amplia repercusión en la Edad Media latina. La más inmediata fue la versión que Vicente de Beauvais (1190-1264) incluyó en su *Speculum historiale* (Lib. XI, caps. 70-71). Se trata de una versión abreviada de la Vida y Sentencias de Segundo con un total de treinta y cuatro demandas. Daly confrontó la Vida compuesta por los tres autores latinos y halló que las versiones de Vicente y Walter Burley se relacionaban más estrechamente entre sí que con la versión de Guillermo. Pero en las Sentencias la situación se presentaba diferente, puesto que Walter conserva preguntas de Guillermo que no se encuentran en Vicente. Su conclusión fue suponer una cuarta versión de la que derivan las de Vicente y Walter: "To explain these circumstances I see no alternative to postulating a fourth version, a descendent of Willelmus, and the common source for Vincent's and Walter's"[52]. Para Perry, sin embargo, ambas versiones derivan sin más de la obra de Guillermo[53].

De Vicente de Beauvais, Róger de Hoveden tomó los materiales de la Vida de Segundo que intercala en su *Chronica* escrita en 1201. Posteriormente, Ranulf Higden (1299-1363) en su *Polychronicon* se inspira en la versión de Guillermo para realizar un sumario de la Vida de Segundo en relación con el imperio de Adriano. Esta crónica fue traducida al inglés por John Trevisa en 1387 y luego por Caxton en 1482[54].

Pero quien dio más divulgación literaria a esta vida ejemplar fue Walter Burley (1275-1345) al incluirla en el capítulo 122 de su *Liber de vita*

---

[52] *Altercatio*, p. 63. Esta opinión es aceptada por Mario Grignaschi en su estudio "Lo pseudo Walter Burley e il *Liber de vita et moribus philosophorum*", *Medioevo. Rivista di Storia della Filosofia Medievale*, 16 (1990), pp. 131-190, esp. p. 136.

[53] *Secundus*, pp. 38-39.

[54] Véase Perry, *Secundus*, pp. 38-39.

et moribus philosophorum[55]. Con este libro Burley se proponía integrar, junto al de otras obras que había consultado, todo el material recogido en el *Speculum historiale* de Vicente de Beauvais, en el *Compendiloquium* y el *Breviloquium* de Juan de Galles, y ponerlo a disposición del lector. Para la vida de Tales y Chalciterus utilizó las *Etimologías* de San Isidoro; para la de Virgilio, Juan de Galles y Alejandro Nequam; la vida de Tolomeo es copiada de la introducción al *Almagesto* de Gerardo de Cremona; abundante material extrajo de Valerio Máximo; para las vidas de Plutarco y Licurgo utilizó el *Policraticus*; por fin, no faltan las obras poco conocidas, como una versión latina de Rufino del *Enchiridion* atribuida al Papa Sixto I, las *Retractationes* de San Agustín, las *Exhortaciones ad Demonicum* de pseudo-Isócrates y las *Vitæ philosophorum* de Diógenes Laercio[56]. Con todo esto, cumplía con lo anunciado en su prólogo de preocuparse de juntar material de autores antiguos: "De uita et morib*us* ph*ilosoph*orum veterum tractaturus multa que ab antiquis doctorib*us* in diuersis libris de ipsorum gestis sparsim scripta reperi i*n* unu*m* colligere lauoraui. Plurima quoq*ue* eorum responsa notabilia et dicta elegancia huic libello inserui q*uae* ad legencium consolationem et morum informationem conferre volebunt" (fol. 1r).

Grignaschi sostiene que esta obra se debió escribir mucho antes del viaje de Burley a Bolonia, en 1341. La cita de la traducción de la obra de Nicolás de Reggio, *De usu partium corporis humani seu de utilitate particularium*, del año 1317 le hace suponer que "il *De vita et moribus* fosse

---

[55] Edición de Hermann Knust, *Gualteri Burlaei Liber Vita et moribus philosophorum, mit einer altspanischen Ubersetzung der Eskurialbibliothek*, Tübingen, Gedrückt für den Literarischen Verein in Stuttgart, 1886. Hay una edición inédita de J. O. Stigall, *The De Vita et moribus philosophorum of Walter Burley: An Edition with Introduction*, Dissertation Boulder (Colorado), 1956. Mario Grignaschi, en su interesante estudio "Lo pseudo Walter Burley", p. 131, sostiene que esta obra, aunque aparezca en numerosos manuscritos de comienzos del siglo XV atribuida a Walter Burley, es obra de un anónimo italiano. Este aspecto ha sido retomado por el estudioso en otros trabajos en los que estudió el catálogo de obras de Hipócrates y Galeno que ofrece Burley en sus vidas, lo cual lo ha llevado a considerar la posibilidad de que fuera el autor de esta obra Jeremías de Montagnone, puesto que ambos tienen en común el conocimiento de dos obras rarísimas: las *Vidas* de Laercio y las *Exhortationes* del Pseudo-Isócrates (véase "*Corrigenda et addenda* sulla questione dello Ps. Burleo", *Medioevo. Rivista di Storia della Filosofia Medievale*, 16 (1990), pp. 325-354, e "Il catalogo delle opere di Ippocrate e Galeno nel *De vita et moribus philosophorum*", *Medieovo. Rivista di Storia della Filosofia Medievale*, 16 (1990), pp. 355-395).

[56] Véase Mario Grignaschi, "Lo pseudo Walter Burley", pp. 135-138.

stato composto fra 1317 e il 1320"[57]. Otro elemento importante se lo brinda el manuscrito Wolfenbüttel 200, que contiene una obra llamada *Multifarium*, compuesta en Bolonia en 1326[58]. Su autor, tal vez un monje alemán que trabajaba en aquel tiempo en Bolonia, poseyó una copia de la obra de Burley. Así, Grignaschi concluye: "non ci si può sottrarre all'impressione che l'autore del *Multifarium* non possedesse un apografo del manoscritto dello ps. Burleo, ma un codice derivato dall'autografo attraverso un certo numero di copie. E allora è giocoforza di concludere che il *De vita et moribus* era stato composto almeno un quinquennio, forse anche un decennio prima del 1326 e che, fin dalla sua prima apparizione, aveva ottenuto un grande successo e che se ne erano state fatte numerose copie di differente valore" (p. 166).

En lo que concierne a la Vida, la versión de Burley sigue muy de cerca la de Vicente de Beauvais, pero en las Sentencias supera ampliamente el número que da éste, llegándose a contabilizar un total de sesenta y ocho demandas. Todas las que no se hallan en Vicente de Beauvais proceden de Guillermo, aunque en diferente orden. Nos parece que Burley no debió de sumar a los materiales de Vicente de Beauvais los de Guillermo, sino, como sostuvo Daly[59], proceder ambos de una versión derivada de la de Guillermo que Vicente de Beauvais expurgó, mientras Burley la utilizó en su totalidad. Sin embargo, hay que recordar que Alfonso D'Agostino señaló otra posibilidad, a saber, que Burley haya tomado el texto de Guillermo, pero que también se haya servido de la versión de Vicente de Beauvais. Para el filólogo italiano esta hipótesis tiene dos ventajas: la de no postular un texto perdido de notable importancia y la de sugerir una explicación para el orden cambiado de las definiciones en Burley[60].

La obra de Burley fue conocida por el rey checo Carlos IV, quizá gracias a su canciller Iohannes Noviforenses, amigo de Petrarca. Es posible que el mismo rey haya auspiciado una segunda redacción de esta

---

[57] "Lo pseudo Walter Burley", p. 155.

[58] Grignaschi, en el apéndice a su importante estudio "Lo pseudo Walter Burley", pp. 170-190, transcribe el prólogo y da una detallada descripción del contenido de este manuscrito.

[59] Daly y Suchier, *Altercatio*, p. 63.

[60] Alfonso D'Agostino, "Una versione italiana inedita dei *Detti di Secondo* (Contributi alla storia della tradizione)", en *ACME-Annali della Facoltà di Lettere e Filosofia dell' Università degli Studi di Milano*, 30 Nº 2 (1977), pp. 185-212, esp. pp. 188-189.

obra, cuyas características son la abreviación y la tendencia moralizante. De ciento treinta y una vidas que aparecen en la obra original, la reelaboración conserva sólo setenta y siete. El autor de esta segunda redacción, muy posiblemente un dominico de Praga, se sirvió de otras fuentes. Una de ellas es el *Liber philosophorum moralium antiquorum,* cuyo posible traductor, Juan de Prócida, murió en el norte de Italia en 1299, y que no es otra cosa que una traducción de los *Bocados de oro,* con la cual esta obra de raigambre árabe se convirtió en la única colección sapiencial traducida en el círculo del rey Alfonso, el Sabio, de difusión en toda Europa. Ambas obras tenían mucha afinidad, hasta el punto tal de ser copiadas en los mismos manuscritos. De hecho, uno de ellos, el manuscrito Mar. F 256 de Danzig, las confunde como una sola. También el anónimo reelaborador utilizó las *Parvi flores* o *Auctoritates Aristotelis* de Marsilio de Padua, escritas entre 1312 y 1313 cuando enseñaba en la Facultad de Artes de París, el *Compendiloquium de vitis illustribus philosophorum et de dictis moralibus* del franciscano Juan de Galles, muerto en París en 1303, y el *Liber de moribus hominum et officiis nobilium sive super ludum scaccorum* del dominicano Jacques de Cessole. Este reelaborador, aunque haya abreviado la obra, actuó con el mismo espíritu que Burley, adjuntando cuanto pudo de los sabios antiguos, aunque es evidente que poseía una cultura menos extendida que Burley[61].

La *Vita Secundi* fue adoptada como materia de autoridad por los predicadores. Jean Gobi, le Jeune, por ejemplo, en su obra *Scala coeli,* escrita entre 1323 y 1330, menciona los *Gesta philosophi Secundi* entre sus fuentes[62]. Pero la influencia más importante la ejerció sobre un relato de la colección *Gesta romanorum,* "De cursu vite hominis"[63]. Un rey deseaba conocer la naturaleza de los hombres. Tenía en su imperio un filósofo, con cuyo consejo siempre se manejaba, al que hizo llamar. Se presentó inmediatamente ante el rey, y éste le hizo una pregunta:

---

[61] Sobre esta reelaboración véase el interesante trabajo de Anežka Vidmanová, "La formation de la seconde rédaction des *Vite philosophorum* et sa relation à l'oeuvre originale", *Medioevo. Rivista di Storia della Filosofia Medievale,* 16 (1990), pp. 253-272.

[62] Tomamos este dato de Marie-Anne Polo de Beaulieu, "Des histoires et des images au service de la prédication: La *Scala coeli* de Jean Gobi Junior († 1350)", en *De L'Homélie au Sermon. Histoire de la prédication médiévale (Actes du Colloque International de Louvain-La-Neuve (9-11 juillet 1992)),* ed. J. Hamesse y X. Hermand, Louvain-La-Neuve, 1993, pp. 279-312, puesto que nos ha sido imposible consultar un ejemplar de la *Scala coeli.*

[63] Citamos por Hermann Oesterley (ed.), *Gesta romanorum,* Berlín, Weidmannsche Buchhandlung, 1872, cap. 36 [35], pp. 335-336.

> Dic michi in principio, quid est homo. Ait ille: Homo est miser toto tempore vite sue. Vide principium tuum, medium et finem et invenies, quod plenus es miseriis. Unde Job: Homo natus de muliere etc. Si respicis principium, invenies te pauperem et impotentem. Si medium, invenies mundum angustiantem et forte animam tuam condempnantem. Si finem, terram te suscipientem. Et ideo, domine, mi rex, non habeas memoriam superbiendi. (p. 335)

Seguidamente, el rey le indicó que deseaba hacerle cuatro preguntas más: "Prima questio est: Quid est homo? Secunda: Cui est similis? Tercia: Ubi est? Quarta: Cum quibus sociis est?" (p. 335). La respuesta a la primera nos es conocida, pues se halla en Guillermo (Nº 8) y en Burley (Nº 7), aunque la respuesta en éstos es más extensa y los elementos que tienen en común poseen otro orden: "Quid est homo? dico, quod est mancipium mortis, hospes loci, viator transiens" (p. 335). También se utiliza en los *Gesta* la misma técnica que en la versión de Guillermo: insertar una pregunta en la historia que luego, con diferente respuesta, será la primera del prontuario de cuestiones que se le hagan al sabio.

El *Speculum historiale* y el *Liber de vita et moribus philosophorum*, dos obras de carácter enciclopédico de enorme difusión en toda la Edad Media, posibilitaron que el Βίος Σεκούνδου se difundiera por toda Europa y se tradujera a las lenguas vernáculas[64]. La obra de Burley hizo que Segundo formara parte de la galería de sabios antiguos que conforma su colección; la de Vicente de Beauvais que volviera, como obra autónoma, a los cauces de su primitiva difusión. Pero entonces, formando parte de prestigiosas enciclopedias y habiendo ingresado a crónicas árabes y latinas, ya nadie podía sospechar el carácter ficticio de esta obra.

4. Versiones castellanas de la *Vita Secundi*

Ambas versiones, la de Vicente de Beauvais y la de Walter Burley, se tradujeron en Castilla. La primera formó parte del gran proyecto historiográfico que el rey Alfonso X llevaba a cabo hacia 1270[65], siendo intercalada en el capítulo 196, en el cual se narra el primer año del

[64] Sobre las diversas traducciones vulgares véanse Knust, *Gualteri Burlaei. Liber*, pp. 414-416, Daly y Suchier, *Altercatio*, pp. 63-70, y Perry, *Secundus*, pp. 42-52.

[65] De la fecha de traducción de la versión de Vicente de Beauvais nos ocuparemos en el apartado 6.

gobierno de Adriano[66]. Alfonso sintió por la obra de Vicente de Beauvais una especial predilección al punto de ordenar en su segundo testamento, dado el 21 de enero de 1284, que en la procesión de Santa María se pongan en el altar colocado junto a su tumba, entre otras reliquias, "los cuatro libros que llaman *Espejo historial* que mando facer el rey Luis de Francia"[67]. No nos debe extrañar que el Rey Sabio incluyera la *Vita Secundi* en su crónica, puesto que, como hemos visto, esta obra había aparecido ya en crónicas tanto árabes como latinas. Lo curioso es que Alfonso intercala igualmente Vida y Sentencias. Muy posiblemente quiso trabajar en su crónica con el mismo espíritu que lo hacían los sabios antiguos a los que tanto admiraba, los cuales, "entendiendo por los fechos de Dios, que son espiritales, que los saberes se perderien muriendo aquellos que los sabien et no dexando remenbrança, porque no cayessen en oluido mostraron manera por que los sopiessen los que auien de uenir empos ellos"[68]. Y la manera que los sabios habían hallado de que el saber no se perdiera era ponerlo por escrito: "et por que las artes de las sciencias et los otros saberes, que fueron fallados pora pro de los omnes, fuessen guardados en escripto, por que non cayessen en oluido et los sopiessen los que auien de uenir" (Prólogo, p. 3a). Por otra parte, la imagen de Adriano, el emperador romano español, disputando con filósofos convenía con los intereses de Alfonso, quien quería mostrar cómo este emperador enalteció el linaje español: "Et sabet que est emperador Adriano fue natural d'Espanna, bien cuemo Traiano, su tio; et fue omne muy sabio en griego et en latin, et no tan solamientre en lo

---

[66] La inclusión de la versión de Vicente de Beauvais fue notada por Knust (*Mittheilungen*, p. 602) y sigue sus pasos Perry (*Secundus*, p. 42), asesorado, como aclara el autor, por María Rosa Lida. Daly y Suchier (*Altercatio*, p. 63) sólo hacen referencia a la versión independiente publicada por Knust. Véase también M. J. Lacarra y F. López Estrada, *Orígenes de la prosa*, en *Historia de la literatura española* Nº 4, coordinada por R. de la Fuente, Madrid, Júcar, 1993, pp. 53-56, y Marta Haro, *Los compendios de castigos del siglo XIII: Técnicas narrativas y contenido ético*, Valencia, Departamento de Filología Española-Universitat de València, 1995, pp. 45-48.

[67] Publica este testamento A. G. Solalinde, *Antología de Alfonso el Sabio*, Madrid, Austral, 1946[3], p. 245. Sobre los libros alfonsíes véase L. Rubio García, "En torno a la biblioteca de Alfonso X el Sabio", en *La lengua y la literatura en tiempos de Alfonso X*, eds. Fernando Carmona y Francisco J. Flores, Murcia, Universidad de Murcia, 1985, pp. 531-552.

[68] Citamos por *Primera crónica general de España*, editada por R. Menéndez Pidal, con un estudio actualizador de Diego Catalán, Madrid, Gredos-Seminario Menéndez Pidal, 1977, vol. I, Prólogo, p. 3a.

fablar, mas en todas las artes que en estas dos lenguas son" (cap. 196, p. 145b)[69].

La versión de Vicente de Beauvais se difundió, además, en forma aislada y, en el siglo XV, como capítulo final (Nº 27) de la obra *Bocados de oro*[70].

La versión de Walter Burley fue traducida en el siglo XV, cuando apareció en Castilla —en palabras de Fernando Gómez Redondo— "la afición de un público, que comenzaba poco a poco a entrar en la 'letradura'"[71]. Entre ese público lector hay señales más o menos ciertas de que pudo estar el Marqués de Santillana, pues del *Liber de vita et moribus philosophorum* sacó los lineamientos básicos de la biografía de Bías para su poema moralizante *Bías contra Fortuna*[72] y parte de la inspiración de sus *Proverbios* o *Centuloquio*[73], e igualmente el doctor Pero Díaz de Toledo al realizar sus *Glosas a los Proverbios de Santillana* y al *Fedro* platónico[74]. El

---

[69] Expusimos esta hipótesis ya en nuestro libro *Diálogo de Epicteto*, pp. 8-9.

[70] Para sus relaciones véanse los apartados siguientes.

[71] *La prosa del siglo XV*, en *Historia de la literatura española* Nº 7, coordinada por R. de la Fuente, Madrid, Júcar, 1994, p. 70.

[72] José Amador de los Ríos (*Obras de don Íñigo López de Mendoza, Marqués de Santillana*, Madrid, 1852, pp. 610-611) señaló al libro de Burley como una de las fuentes de Santillana en su *Bías contra Fortuna*, al reseñar la importante biblioteca que el noble reunió en el Palacio del Infantado, en Guadalajara. Confirman esta opinión Knust, *Gualteri Burlaei*, pp. 413-414, don Rafael Lapesa en su clásico estudio sobre el señor de Buitrago (*La obra literaria del Marqués de Santillana*, Madrid, Ínsula, 1957, p. 216), Maxim Kerkhof en su edición del poema (Madrid, *BRAE* Anejo 39, 1983) y el mismo junto a Ángel Gómez Moreno, *Íñigo López de Mendoza, Marqués de Santillana: Obras completas*, Barcelona, 1988, pp. LIII-LV.

[73] Según Rafael Lapesa, "Los *Proverbios* de Santillana. Contribución al estudio de sus fuentes", en *De la Edad Media a nuestros días. Estudios de historia literaria*, Madrid, Gredos, 1971, pp. 95-111, Walter Burley es fuente con seguridad de los proverbios Nos. 77 y 92. El resto de los casos los cree dudosos: "Otras semejanzas establecidas por Knust entre Burley y el Marqués son con motivo de proverbios tan triviales que nada demostrarían si don Íñigo no hubiese incorporado todo un capítulo de Burley a su prólogo del *Bías contra Fortuna*" (p. 97 nota 5).

[74] Amador conjeturó que un volumen del *Fedro* debería hallarse en el Palacio del Infantado y allí mismo consultarlo Pero Díaz de Toledo, ya que "usó de todos sus libros", pero no encontró el sabio historiador ningún rastro de un volumen del *Liber* en ella (*Obras de [...] Santillana*, p. 611). De Burley tomó Pero Díaz de Toledo las leyendas del sueño de Sócrates con un cisne del ara del templo de Venus y la

Liber de vita et moribus ofrecía a los humanistas españoles del siglo XV un buen número de biografías de sabios greco-latinos, que el público lector apetecía.

5. Otras recurrencias de la *Vita Secundi* en la literatura castellana

Más allá de las traducciones de las versiones de Vicente de Beauvais y Walter Burley, la *Vita Secundi* fue citada con frecuencia como fuente de autoridad y ejerció su influencia de diversos modos.

No hay huellas de la presencia de la *Vita Secundi* en Castilla con anterioridad a su inclusión en la *Estoria de España*. Los enigmas que aparecen en el *Libro de Apolonio*[75] derivan de una difundidísima colección medieval llamada *Symphosius*, de donde los toma el autor de la *Historia Apollonii regis Tyri* y a los cuales el traductor castellano contamina con versiones populares[76]. Dos, sin embargo, de los nueve enigmas que propone Tarsiana a Apolonio poseen igual motivo a los que aparecen en la *Vita Secundi*.

—Dime.— ¿Cual es la casa, preguntó la mallada,
que nunca seye queda, siempre anda lazrada,
los huespedes son mudos, da vozes la posada?
Si esto devinases, seria tu pagada.
Esto diz Apolonio: —Yo lo vo asmando:

---

creencia de que el saber de Sócrates fue tanto que trajo la filosofía del cielo y la aposentó en la tierra. Véase ahora el texto en Nicholas G. Round (ed.), *Libro llamado 'Fedron'. Plato's 'Phedro' Translated by Pero Díaz de Toledo*, Londres-Madrid, Tamesis Books, 1993.

[75] Véase Manuel Alvar (ed.), *Libro de Apolonio*, Madrid, Castalia-Fundación Juan March, 1976, 3 vols.

[76] Véase al respecto el trabajo de Doris Clark, "Tarsiana's Riddles in the *Libro de Apolonio*", en *Medieval Hispanic Studies Presented to Rita Hamilton*, ed. A. D. Deyermond, Londres, Tamesis Books, 1976, pp. 31-43. No son estos los únicos elementos populares que se han identificado en esta obra; también los hay en el desarrollo del relato, como apunta A. D. Deyermond, "Motivos folklóricos y técnica estructural en el *Libro de Apolonio*", *Filología*, 13 (1968-1969), pp. 124-149. Es preciso notar que una huella de la presencia de este conjunto de enigmas en España lo representa el manuscrito 39 de la Real Academia de la Historia (Madrid), procedente de San Millán de la Cogolla, quien en su folio 260 posee una selección de *Symphosius* (véase Manuel Díaz y Díaz, *Libros y librerías en la Rioja altomedieval*, Logroño, Biblioteca de Estudios Riojanos, 1979, pp. 165-171 y 300, y del mismo su artículo "Para la crítica de los Ænigmata de Sinfosio", *Helmántica*, 28 (1977), pp. 121-136, que nos ha sido imposible consultar).

el rio es la casa que corre murmuyando;
los peces son los huespedes, que siempr'estan callando.
Esta es terminada, ve otra adevinando.

—Fija so de los montes, ligera por natura,
rompo e nunca dexo señal de la rotura;
guerreyo con los vientos, nunca ando segura.
—Las naves, ditz el rey, trayen essa figura.
(cc. 505-506 y 509)

La primera adivinanza se halla en Guillermo Nº 59 (31 en Vicente y 17 en Burley): "Quid sunt flummina? Cursus indeficiens, refectio solis, irrigatio terre". La segunda es la Nº 14 de Guillermo (34 de Burley): "Quis navis? Marina operacio, domus absque fundamento, avis lignea, incerta salus". En ambos casos, si bien coinciden los temas, varía la formulación tanto de la pregunta como de la respuesta y eso las aleja claramente de la tradición derivada en occidente de la *Vita Secundi.*

La primera cita expresa que encontramos de la *Vita Secundi* en Castilla la hace fray Gil de Zamora en su *De preconiis Hispanie*[77]. Este franciscano posiblemente nació a comienzos del reinado de Fernando III, tal vez hacia el año 1241. En 1272 o 1273 debió ya encontrarse estudiando en París, donde adquirió el título de "lector" con el que luego se desempeñó en Zamora. A su regreso, se conectó con la corte literaria de Alfonso X, en la cual ganó prestigio y le sirvió para escalar una alta posición cercana al monarca. En 1278 comenzó a escribir su *De preconiis Hispanie* para la educación de su alumno, el infante don Sancho, luego heredero de la corona al morir su hermano mayor, y en 1282 acabó su tratado *De viris illustribus*, compuesto también para la instrucción del príncipe heredero. La familiaridad con el círculo literario del rey Sabio le posibilitó el conocimiento de todos los materiales utilizados en la elaboración de la *Estoria de España.* Así, en el Tratado 5, capítulo 4 de su *De preconiis*, al hablar de los hombres que honraron a España, incluye a Adriano y señala a Segundo como uno de los preclaros hombres de su imperio: "Floruit etiam hiis temporibus Secundus Philosophus qui philosophatus est omni tempore silentium servans; causa autem silentii in suo libro demostratur" (p. 70). Gil de Zamora reproduce casi literalmente el comienzo de la versión de Vicente de Beauvais que utilizó Alfonso en su obra histórica: "Temporibus Adriani floruit Secundus

[77] Fray Gil de Zamora, *De preconiis Hispanie*, ed. Manuel de Castro y Castro, O.F.M., Madrid, Universidad Complutense, 1955.

philosophus, qui philosophatus est omni tempore silentium servans" (p. 101).

Al círculo del rey Sancho IV parece haber pertenecido Maestre Pedro, autor de un tratado de las postrimerías del siglo XIII titulado *Libro del consejo e de los consejeros*, en el cual nos dice: "pugne en estudiar con grand femençia en muchos libros e ayunte rrazones e abtoridades de santos e de sabios e fiz este libro que se ordena por cuento de seys"[78]. La crítica ha establecido que la fuente principal es el tratado de Albertano de Brescia *Liber consolationis et consilii*, y se han aducido otras como la *Biblia*, el *De contemptu mundi* de Inocencio III y, sin atender a la cronología de las obras, el *Liber de vita et moribus philosophorum* de Walter Burley[79]. Agapito Rey señaló, además, que "Muchos de los ejemplos morales aducidos por Maestre Pedro hállanse también en *Castigos e documentos, Flores de filosofía, Bocados de oro, El cavallero Cifar* y otras obras de la época" (p. 13). Entre las autoridades extraídas de los libros de sabios se cuenta la *Vita Secundi*. La primera cita explícita de nuestro tratadito se halla en el capítulo tres, destinado a tratar "De commo todo omne deue demandar consejo a Dios en todos los fechos que son buenos e fazederos" (pp. 30-31). Para fundamentar tal demanda, se define qué cosa es Dios, basándose en Segundo: "E por eso nos muestra vn sabio que ha nombre Segundo que cosa es Dios. E diz que Dios es voluntad que nunca ha de morir; alteza que non puede seer asmada; demanda que non ha fin; ojo que non duerme; poder que tiene en si todas las cosas; luz que parte sus dones de gracia a cada vno segund el tiene por bien" (pp. 30-31). La versión de donde fue extraída esta cita es muy difícil de determinar, pues se halla con escasas variantes tanto en Guillermo (Nº 3) como en Vicente (Nº 3) y en Burley (Nº 3). El distintivo más notable es la libre traducción de "lux bonorum", que no nos permite fundarla en ninguna de las versiones conocidas.

La segunda cita se halla en el capítulo seis, "De quantas cosas les conuiene a los consejeros que hayan en si" (pp. 34-38), en este caso para definir qué se entiende por amigo: "Onde nos cuenta aqui vn sabio que ha nonbre Segundo que cosa es amigo. E amigo es dicho nonbre muy deseada [*sic*] cosa que adur se parte, conorte de mal andança" (pp. 36-37). Aquí la fuente parece ser la versión de Vicente de Beauvais: "Quid est

---

[78] Maestre Pedro, *Libro del consejo e de los consejeros*, edición de Agapito Rey, Zaragoza, Biblioteca del Hispanista 5, 1962, Prólogo, p. 70.

[79] Véase fundamentalmente el trabajo de Miguel Zapata y Torres, "Algo sobre el *Libro del consejo e de los consejeros* y sus fuentes", en *Smith College Studies in Modern Languages*, 21 (1940), pp. 258-269, y Marta Haro, *Los compendios de castigos*, pp. 70-71.

amicus? Desiderabile nomen, homo vix apparens, infelicitatis refugium, indesinens felicitas" (Nº 10)[80].

La última cita de la *Vita Secundi* que hace Maestre Pedro se halla en el capítulo trece, "De commo se deuen guardar los omnes entendidos de non poner en sus consejos a aquellos con que ouieron grandes enemistades" (pp. 53-56). Cuando se define qué se entiende por enemigo, la fuente aducida es Segundo: "Onde vn sabio que ha nonbre Segundo muestranos que cosa es en si, e dize que enemigo es nonbre muy aborresçido, encubierto engannador, grand themor e espanto de coraçon, asechador en commo de muerte quando ouiere tienpo" (p. 54). Esta definición no se encuentra ni en Guillermo, ni en Vicente, ni en Walter Burley; tal vez se trate de un agregado en algunas versiones contaminado con un derivado de la pregunta Nº 43 de la versión árabe[81]. Queda claro, pues, que en el *Libro del consejo* no se utilizó la misma versión de esta obra que se manejó en los círculos alfonsíes.

No ocurre lo mismo con don Juan Manuel, sobrino de Alfonso y educado en el círculo real de Sancho IV, quien conoció la versión alfonsí intercalada en la *Estoria de España*, a la cual resume hacia 1320 ó 1325 en su *Crónica abreviada*: "Otrosi dizen que en este tienpo ovo vn philosopho que dezian Segundo e dixol muchas buenas cosas, segunt fallaredes en este capitulo"[82].

En el siglo XV encontramos citada la *Vita Secundi* en el *Espéculo de los legos*, traducción del *Speculum laicorum* compuesto por un inglés, miembro de la Orden de San Francisco, entre 1279 y 1292[83]. Cuatro son las recurrencias a la *Vita Secundi* en esta obra. La primera se halla en el capítulo 56, "De la memoria de la muerte": "Segund dize Segundo

---

[80] La versión de Guillermo varía su parte final: "miserie respector, indificiens quies, indesinens felicitas" (Nº 12); y lo mismo sucede con Walter: "non inueniendа possessio misericordie, repertor indeficiens, quies amanda felicitas" (Nº 26).

[81] Citamos por la traducción de Perry *(Secundus*, p. 150): "They asked him, What is enmity? He said: Enmity is death pitted against man. It is a strange stirring within, from which anger is born. It is a kinsman who slanders. He who carries it on is ignorant."

[82] Juan Manuel, *Obras completas*, edición de José Manuel Blecua, Madrid, Gredos, Biblioteca Románica Hispánica, 1983, cap. 212, vol. II, p. 620.

[83] Cito por *Espéculo de los legos*, edición de José María Mohedano Hernández, Madrid, CSIC-Instituto Miguel de Cervantes, 1951. El texto latino fue editado por J. Th. Welter, *Speculum laicorum. Edition d'une collection d'exempla composés en Angleterre à la fin du XIIIe siècle*, París, 1914.

filosofo, la muerte es suenno perdurable e destruymiento del cuerpo e themor de los ricos e deseo de los pobres e acaesçimiento que non se puede escusar e destierro no çierto" (p. 277). La respuesta coincide con la que traen Guillermo (Nº 21) y Burley (Nº 29)[84]; mientras que Vicente de Beauvais (Nº 16) omite dos importantes binomios: "dissolutio corporum" e "incerta peregrinatio".

La segunda se halla en el capítulo 57, "De commo deue el ome esquiuar de morar con las mugeres": "Segunt dize Segundo Filósofo, la muger es confusión del ome, bestia syn fartura e cuydado continuado e guerra que nunca çesa e danno cutiano e casa de tenpestad e enbargo de cuydado" (p. 285). Si bien la respuesta se halla tanto en Vicente (Nº 9) como en Burley (Nº 22), la inclusión de "domus tempestas" que se halla sólo en Guillermo (Nº 11) parece señalar que fue tomada de esta versión.

La tercera se halla en el capítulo 68, "De la pobreza": "Segund dize Segundo filosofo, pobreza es bien aborresçible e madre de libertad e quitamiento de cuydados e bienandança sin mordimientos de temor e ligereza sin graueza" (p. 338). La cita se encuentra en Guillermo (Nº 17), en Vicente (Nº 12) y en Burley (Nº 38), siendo imposible determinar su procedencia.

La última se halla en el capítulo 75, "De la fermosura": "Segund dize un filosofo que auia nonbre Segundo, la fermosura es ymagen de poco tienpo e flor seca e bienandança carnal e cobdiçia umanal" (p. 379). La respuesta se encuentra en Guillermo (Nº 10), en Vicente (Nº 8) y en Burley (Nº 23), debiendo ser descartada la posibilidad de que derive la cita de Vicente de Beauvais, pues éste omite "parvi temporis fortuna" que sí se encuentra en los restantes.

En el mismo siglo XV, se halla una cita de la *Vita Secundi* en un tratado atribuido a Alfonso de Madrigal, el Tostado, Obispo de Ávila, que se dice lo escribió cuando estaba en Salamanca: *De como al ome es necesario amar*[85]. En este tratado un hombre de avanzada edad se disculpa ante otro, a quien escribe, porque le ha reprendido por haberse turbado por el amor de una mujer. Desarrolla su tema en dos partes: en la

[84] Aunque Guillermo agrega: "latro hominis, somni pater, fuga vite, resolutio omnium", y Burley: "locus hominis, sompni pater, fuga uite, uiuorum desercio, resolutio omnium".

[85] Edición de A. Paz y Melia, "Tratado que hizo el Tostado de cómo al ome es nescesario amar", en *Opúsculos literarios de los siglos XIV a XVI*, Madrid, Sociedad de Bibliófilos Españoles, 1892, pp. 219-244. Sobre este tratado y la teoría amatoria salmantina del siglo XV véase Pedro Cátedra, *Amor y pedagogía en la Edad Media*, Salamanca, Universidad de Salamanca, 1989.

primera demuestra que es necesario a los hombres amar a las mujeres; en la segunda, que es necesario al que ama que alguna vez se turbe. En esta segunda razón da testimonios de hombres y mujeres que fueron vencidos por el amor y adjunta citas con las que apoya su amonestación. Una de las fuentes aducidas es el filósofo Segundo: "El amor fizo a este [*Holofernes*] olvidar a Judit, que era enemiga suya, e su compañia le era peligrosa, como dice este Segundo: —La mujer es peligro sin mesura del ome, porque encantado de la afeccion, non se guarda della" (p. 233). Notamos, sin embargo, que esta sentencia no se halla ni en la versión de Vicente de Beauvais ni en la de Walter Burley. Una vez más las líneas de procedencia de las citas de Segundo se nos diversifican, pues las versiones tanto latinas como vulgares debieron variar su cuerpo de Sentencias según los requerimientos del público al cual estuvieran dirigidas[86].

Pero la *Vita Secundi* no se circunscribió a servir únicamente de fuente de autoridad. Ejerció su influencia sobre el marco narrativo del *Diálogo de Epicteto y el emperador Adriano* en la versión impresa en Burgos por Juan de la Cuesta en 1540[87]. Este diálogo circuló en el siglo XIII en cuatro versiones: La del manuscrito de la Biblioteca Nacional de Madrid 10011 (*A*); la del ms. Biblioteca Nacional de Madrid 17657 (*B*); la del ms. British Library Egerton 939 (*C*); la del ms. Biblioteca Nacional de Madrid Vit. 7-17 (*D*). Sólo los dos primeros conservan la parte narrativa. En *A* un mancebo de nombre Péticus es entregado al cuidado de una serie de amos hasta llegar a manos del duque Adriano; en *B* la acción se ubica en Roma y el infante se llama Epitus, el cual es puesto al cuidado de una serie de amos hasta llegar a manos de un sabio duque de oriente, quien, finalmente, lo conduce hasta el emperador. En la versión del siglo XVI, el marco narrativo es reelaborado. Epitus nace en tierras de oriente, vástago ilegítimo de una familia noble, pero es echado en una isla a fin de que no se sepa su origen ilegítimo. Protegido por Dios, unos pescadores lo salvan y lo llevan al príncipe de aquella tierra. Éste lo entrega a un arzobispo para que lo críe, y, cuando llega a edad suficiente, es encomendado al cuidado de un sabio para que le enseñe a leer y escribir. Tanta fama alcanza por su sabiduría que es llamado para estar junto al patriarca de Jerusalén. Y de esta forma llega a conocimiento del emperador Adriano, quien, luego de escuchar todas sus respuestas, lo coloca como consejero suyo. Esta reelaboración de *Epicteto* toma algunos

---

[86] Esto mismo es lo que originó las diversas versiones del *Diálogo de Epicteto y el emperador Adriano.*

[87] Editada por Suchier, *L'Enfant sage*, pp. 365-394.

motivos de la *Vita Secundi*: 1) el príncipe que encomienda la educación del niño a otra persona para que aprenda a leer y escribir; 2) la transformación del mancebo en sabio; 3) acrecentamiento de la fama hasta ser llamado por el emperador Adriano —recordemos que en las versiones anteriores de *Epicteto* el mancebo llega a manos del emperador. Responde al gusto de un público lector gustoso de este tipo de lecturas y no ya a un público escolar como en su origen estuvieron dedicadas estas obrillas: "y a todas quantas cosas el emperador le preguntó, a todas le respondio muy bien, segun que agora oyreys" (pp. 366-367)[88].

En fin, las traducciones a tan diversas lenguas, las citas en textos de tan variada naturaleza y la profunda influencia que ejerció la *Vita Secundi* nos dan muestra de su vigorosa actualidad durante toda la Edad Media castellana.

Sin embargo, no se acaban aquí sus apariciones. Todavía nos resta señalar una, tal vez la más artística, obra de don Ramón Gómez de la Serna en su novela *El secreto del acueducto*. Don Pablo, el constante historiador del acueducto segoviano, desconfiando de su sobrina, Rosario, con quien se ha casado, reflexiona sobre la infidelidad de las mujeres. Es entonces cuando viene a su memoria una antigua lectura, cuya ejemplaridad lo confirma en sus ideas enfermizas:

> Lo excitaba la picardía antigua, que volvía a su memoria, y como caso de confirmación recordó al filósofo Segundo, que después de hacerse sabio en Atenas y haber oído que no había mujer casta, tornó a su tierra como peregrino y entró en su casa, y como no le reconociese ni su madre, compró a una criada para que le hiciese dormir con ella, y la madre accedió a que le llevasen al mancebo, y le metió la cabeza entre las tetas, entre las que él se durmió como hijo, yéndose a la mañana siguiente para siempre y para nunca más hablar...
>
> No hay ninguna honesta, pensaba recordando con gran claridad al filósofo Segundo y animaba para calmarse aquella frase llena de contraste que no había olvidado desde que leyó el libro, de metida la cabeza entre las tetas[89].

---

[88] Sobre el uso de estos textos en la escuela véase el apartado "El *Diálogo de Epicteto y el emperador Adriano* en la tradición escolar" en Hugo O. Bizzarri (ed.), *Diálogo de Epicteto y el emperador Adriano*, pp. 13-18.

[89] Ramón Gómez de la Serna, *El secreto del acueducto*, Barcelona-Buenos Aires, E.D.H.A.S.A, 1963, cap. 20, p. 174. Debo esta referencia, que se ha escabullido a cuantos han tratado el tema, a la sagacidad de Aníbal A. Biglieri.

La lujuria senil y el afán investigativo acaban con la claridad mental de don Pablo. El acueducto segoviano seguirá irrigando la ciudad con su presencia eterna, mientras que la mente de don Pablo se cierra en confusión. "¡Es tan flojo el acueducto humano bajo el peso del gran Acueducto Herculino!" (p. 192), nos dirá Gómez de la Serna. El recuerdo del filósofo Segundo aquí no es una mera cita, sino que marca un paso más en el desequilibrio mental de don Pablo y lo lanza hacia su destrucción final. En la pluma de don Ramón, el viejo texto vicentino volvió a cobrar renovada vigencia.

6. Sobre la fecha de traducción de la *Vita Secundi*

La fecha de traducción de la *Vita Secundi* en Castilla es tan problemática y ambigua como la de casi toda la tradición sapiencial. No obstante, las estrechas relaciones que esta obra posee con otras dos nos ofrecen elementos externos válidos para situarla.

La más concreta de estas relaciones es la que guarda con el proyecto historiográfico alfonsí cuando Alfonso narra los hechos notables del gobierno del emperador Adriano. Hace tiempo Ramón Menéndez Pidal señaló que la versión regia que contienen los dos volúmenes de lo que él llamó *Primera crónica general* (resultado muy diverso de la *Estoria de España* que planeó y dirigió Alfonso X) pasó por etapas sucesivas de elaboración. La primera la conforman los 108 capítulos iniciales, escritos hacia 1270, a la que le siguió una segunda etapa que abarca hasta la mitad del capítulo 616, en que se interrumpe la redacción del proyecto hacia el año 1275[90]. De manera que la *Vita Secundi* debió estar entre los primeros materiales historiográficos incluidos en la elaboración de la crónica, es decir, poco después del año 1270.

La relación con *Bocados de oro* no es tan sencilla, ya que no se tiene tan clara la fecha de traducción de la obra. Amador de los Ríos la ubicó en el primer tercio del siglo XIII[91]; Hermann Knust, observando que una sentencia de *Bocados* se cita en la *Partida II* (Tít. V, Ley XVIII, p. 348b),

---

[90] Sobre las etapas de redacción de la crónica véase R. Menéndez Pidal, "La Crónica General que mandó componer Alfonso el sabio", en *Estudios literarios*, Madrid, Espasa-Calpe, 1938, pp. 111-156, y del mismo, *Primera crónica general de España*, con un estudio actualizador de Diego Catalán, Madrid, Gredos-Seminario Menéndez Pidal, 1977, vol. II, pp. 851 y ss. Son útiles también las páginas que les dedica a las derivaciones de la *Estoria de España* Fernando Gómez Redondo, *La prosa del siglo XIV*, pp. 15-22.

[91] *Historia crítica de la literatura española*, vol. III, Madrid, Imprenta a cargo de José Fernández Cancela, 1863 (ed. facsímil, Madrid, Gredos, 1969), p. 542.

señaló a *Bocados* como precedente a ésta[92]; mientras que Walter Mettmann y Mechthild Crombach han sido más ambiguos: el primero la situó en la primera mitad del siglo XIII[93], y el segundo en el gobierno de Fernando III o comienzos del de Alfonso[94]. Nosotros, por nuestra parte, hemos colocado a *Bocados* entre las colecciones sapienciales compiladas antes de la llegada a Castilla de la embajada pisana, es decir, el año 1256[95]. *Bocados* es, de entre las primitivas colecciones sapienciales, la obra que más contribuye a reafirmar el poder real. No sólo induce a la nobleza a obedecer al rey y a las leyes, sino que también hace recaer en el monarca la obligación de reemplazar las leyes malas por otras mejores. Pero el hecho es que la *Vita Secundi* se adiciona a una segunda redacción de *Bocados* fechada por Crombach en el siglo XV: "der Titel der Sammlung wie auch die sieben Einleitungskapitel, in denen von der Reise des persischen Königs Bonium nach Indien, dem Lande der Weisheit, berichtet wird, ein Zusatz aus dem 15. Jahrhundert sind" (p. xxi).

En sustancia, tenemos que la obra está ya en Castilla hacia 1270 o poco después, y que en el siglo XV se acopla a una de las versiones de *Bocados de oro*, lo cual le garantizó su perduración.

7. Relación de la versión belovacense con su fuente

Si bien desde antiguo se advirtió la dependencia de la versión castellana de la versión belovacense, no se ha hecho ningún intento de observar cómo se la ha traducido o el tipo de apego que ella pueda tener o no a su fuente.

La versión de Vicente de Beauvais fue traducida en su totalidad y respetando tanto la Vida como las Sentencias. Ningún elemento nuevo se agrega a la biografía ejemplar ni nada se adiciona a las Sentencias. Sí podemos observar variaciones que derivan de la forma de traducir la

---

[92] *Mittheilungen*, pp. 558-559. Barry Taylor, "Old Spanish Wisdom Texts: Some Relationships", *La Corónica*, 14 Nº 1 (1985), pp. 71-85, volvió a refrendar esta hipótesis: "With regard to the dating of these translations, our only evidence is the quotation of *Bocados* in the *Siete Partidas*" (p. 71).

[93] Walter Mettmann, "Neues zur Überlieferungsgeschichte der sogenannten *Bocados de oro*", en *Festschrift für Fritz Schalk*, Frankfurt, 1948, pp. 115-132, esp. p. 119.

[94] Mechthild Crombach (ed.), *Bocados de oro,* Kritische Ausgabe des altspanischen Textes, Bonn, Romanisches Seminar der Universität, 1971, p. xxi.

[95] Hugo O. Bizzarri, "Las colecciones sapienciales castellanas en el proceso de reafirmación del poder monárquico (siglos XIII y XIV)", *Cahiers de Linguistique Hispanique Médiévale,* 20 Nº 2 (1995), pp. 35-73.

obra o, a veces, de la versión manuscrita utilizada. Los dos casos se ejemplifican en el siguiente pasaje: "At illa consentiens ancillæ, vespere fecit eum ad se introduci" *SH* (p. 101), que queda en: "E la syruienta tanto fizo que lo otorgo la madre, y mandole que gelo lleuase de noche al lecho". Este fragmento revela que lo que se ha traducido es el sentido más que las palabras expresas del texto latino; sin embargo, la última parte de la frase es más acorde con la versión de Guillermo: "et dormiret cum eo" (p. 153). Es muy posible que aquí no se trate de una libertad de traducción sino más bien de una diferente lectura en el original latino traducido.

El siguiente pasaje: "Illa autem recogitans in semetipsa, et non ferens confusionem, exanimata est" *SH* (p. 101), es adaptado a la fraseología propia del siglo XIII, pero en el momento de traducir "confusionem" no se pudo evitar amplificar agregando un adjetivo: "Y ella, como lo oyo, començo a pensar y non pudo sofrir *su grande* confondimiento y cayo en tierra muerta".

Un caso claro de amplificación lo presenta la traducción del siguiente pasaje: "Tunc Adrianus admiratus philosophi continentiam" *SH* (p. 102); "E estonçes Adriano marauillose mucho de como se podie tener el filosofo de fablar tan porfiosa mente".

Por otra parte, en la traducción del pasaje "tandem in philosophia perfectus" *SH* (p. 101) se amplifica la frase tan sólo para explicitar el transcurso del tiempo sin añadir nada nuevo: "y duro aquello mucho tienpo fasta que fue muy grant maestro"[96].

En las Sentencias el texto castellano no puede mantener la concisión del latino y, por tal motivo, muchas veces sus respuestas no están construidas por grupos de dos palabras o construcción con genitivo, sino por largas perífrasis. Así, en la pregunta Nº 16, "Eternus sompnus" deviene en "Suenno que dura por syenpre", e "inevitabilis eventus" en "avenimiento que non puede ser escusado"; Nº 19, "Sexus discretio" en "Departimiento de macho a fenbra"; Nº 31, "Cursus indeficientes" en "Cosa que non fallesçe". Por lo general, la estructura original de la formulación de las respuestas se mantiene con más regularidad a partir de la Sentencia Nº 17, es decir, de las que proceden originalmente de la *DPA*.

La pregunta Nº 2 ("Quid est oceanus?") es traducida "¿Que es el grande mar?"; siendo este giro una forma frecuente en la *Primera crónica*

[96] Es interesante observar que en estos dos últimos casos comentados las adiciones se acercan a lecturas alternativas que presenta el manuscrito BN Madrid 18-7 ("Tunc Adrianus admiratus philosophi constanciam" y "Tandem post multos annos in philosophia perfectus"), sin que ello lo vincule directamente.

general, podría tomarse como un claro indicio para relacionar ambas obras: "En el grand mar Oceano" (p. 5a), "a la grand mar mayor" (p. 6a), "en luengo del grand mar" (p. 6b), "la grand mar de Bayona" (p. 6b), "cae en el grand mar" (p. 7a), etc.

El texto castellano presenta también algunas adiciones.

Hic enim adhuc parvulus ad discendum missus, audivit in scholis verbum huiusmodi, quod omnis mulier fornicatrix esset et impudica. Tandem in philosophia perfectus remeavit in patriam suam *SH* (p. 101).	Quando era ninno, enbiaronle a las escuelas a leer, *y duro aquello mucho tienpo fasta que fue muy grant maestro.* Y oyo alla dezir que non avia en el mundo muger casta. E desque fue acabado en todo el saber de la filosofia, tornose para su tierra.

El sintagma "y duro aquello mucho tienpo fasta que fue muy grant maestro" es, en verdad, una repetición de "Tandem in philosophia perfectus".

Cuando Segundo se impone su pena, el texto castellano dice: "Y fuese para Atenas, a las escuelas. Y el biuiendo alli y faziendo buenos libros y nunca fablando", aclaración que no aparece en el texto latino. Al saludarlo Adriano, Segundo no contesta: "ille autem tacuit" *SH* (p. 101); el texto castellano traduce: "Y Segundo callo *y non le quiso fablar ninguna cosa*", adicionando una segunda cláusula que es una intensificación de la primera. Guillermo, en este punto, es menos breve que Vicente: "Venientem itaque Secundum Adrianus probare volens, si forte silencium veraciter conservaret, surgens prior eum salutavit; *Secundus autem propositum servabat silentii*" (p. 183).

Traduciendo el pasaje "Loquere ei in via, et persuade ei ut loquatur" *SH* (p. 101), el texto castellano añade también una cláusula final con el propósito de explicitar la pena y hacer más tenso el desarrollo del relato: "Vele consejando por el camino que fable *y non quiera morir*". Lo mismo ocurre en "si vero non responderit": "sy te non quisiere fablar *por miedo de muerte*".

Antes del pasaje "Sed ille vitam suam parvi pendens, mortem tacitus exspectabat" *SH* (p. 102) se antepone una cláusula: "*Y el filosofo non tomo en nada su consejo* y despreçiando la vida esperaua callando la muerte". Lo mismo ocurre con "Apprehendens igitur eum venit ad Adrianus" *SH* (p. 102): "*Y quando la guarda vio aquello,* tomolo por la mano y lleuolo al enperador".

Entre las amplificaciones podemos incluir algunas duplicaciones de adjetivos o verbos: "coma capitis et barba *prolixa*" *SH* (p. 101), "los cabellos de la cabeça *muy luengos* y la barua *muy grande*"; "Qui *dixit*: Nequaquam, domina mater", "Y el *rrespondio y dixo*: Non, madre sennora"; "et siquidem persuasus respondeat" *SH* (p. 101), "Y sy vieres que te cree y te rrespondiere". Como se puede observar, ninguna de estas duplicaciones agrega ningún elemento nuevo al relato, sino más bien intensifican acciones o descripciones con el fin de agregarle más dramatismo al relato.

Un caso más curioso es el de observar cómo se reinterpretan algunos pasajes del texto latino. El texto castellano transforma "nemine domesticorum" *SH* (p. 101) en "ninguno *que y fuese*"; "si persuaderet matri" *SH* (p. 101) es reinterpretado explicitando las aparentes intenciones que persigue el mancebo: "sy guisase como yuguiesse su madre con el"; "inter ubera illius dormivit usque *mane. Mane* autem" *SH* (p. 101) se traduce como "y durmiose çerca della *toda la noche*, bien como çerca de su madre. Y *quando vino la mannana*", eliminándose la repetición *mane-mane* que ofrece el latino. "Neque enim *dignum* est" *SH* (p. 101) es interpretado como "mas non es *derecho*"; "audivit de *illo*" *SH* (p. 101) como "sopo de su *fazienda*"; "illo autem in proposito silentii perseverante" *SH* (p. 101) como "Mas por que Segundo non quiso fablar". En ocasiones, el traductor adapta la obra latina a su entorno social. Así, el "verdugo" deviene en "guarda": "Tirpon vocans quendam spiculatorem" *SH* (p. 101), "mando llamar vno de sus guardas que avie nonbre Tripon".

Hay reinterpretaciones que resultan de dar al texto castellano una diferente formulación sintáctica. "Ducebatur autem Secundus a spiculatore ad locum tormentorum" *SH* (p. 102) se traduce como "E leuolo estonçes la guarda onde tormentauan los onbres". Tal vez en este pasaje el traductor haya querido simplificar la expresión y por eso haya pasado a la voz activa lo que en el texto latino era voz pasiva. Los sintagmas "O Secunde, quare tacens morieris? Loquere et vives" *SH* (p. 102) son reformulados en un solo sintagma expresado con solidez sentenciosa: "Segundo, ¿por que quieres morir por callar y non quieres fablar por beuir?". En su deseo de ser más llano, el traductor simplifica el sintagma "Ille extendens cervicem silentio vitam postposuit" *SH* (p. 102) en una frase menos metafórica que intensifica el silencio del filósofo: "Y el tendiola, y non quiso fablar".

Algunas sentencias parecen presentar una tradición contaminada: Nº 3 "lux bonorum" deviene en "luz y buena cosa" tal vez por contaminación con la lectura "Bonum" de *WM* Nº 3; Nº 4 "diei ornatus", con el que se define al sol deviene en el texto castellano en "onrra del dia", aunque es muy probable que en el original traducido haya habido una lectura "honor" como la que presenta *DPA* Nº 50 ("honor diei"); Nº 9 "viri continentis naufragium" se traduce como "peligro del onbre que non ha en sy mesura", que puede deberse a una contaminación con "viri incontinentis naufragium" de *WM* Nº 11.

Hay, además, algunas omisiones en el texto castellano. "Extende cervicem, *et suscipe in ea gladium*" *SH* (p. 102) es reducido a: "Tiende la çeruiz"; en la Sentencia Nº 1 se suprime el final: "eternus tenor, circuitus sine errore"; en la Nº 5 se omite "larga roris", y en la Nº 9, "humanum mancipium".

Todo esto caracteriza al texto castellano como una versión que quiere explicitar todos los elementos del relato y brindarlo en una expresión llana, con el fin de potenciar el carácter ejemplar de la Vida y allanar las respuestas metafóricas de las Sentencias.

8. El esquema biográfico

Para la biografía ejemplar se han señalado los siguientes motivos: El hijo irreconocido tienta a su madre para demostrar que todas las mujeres son malvadas, motivo T 412.2 (en el Índice Stith Thompson)[97], y La madre que muere al saber que ha estado a punto de cometer incesto con su hijo, motivo N 383.3[98]. Alfonso D'Agostino ha indicado, además, que la narración se desarrolla según dos isotopías: la del silencio (o palabra *vs.* silencio) y la de la castidad (o castidad *vs.* no-castidad). Para actualizar esta temática el autor adoptó el esquema compositivo de Edipo que es recurrente en textos literarios de carácter semi-folklórico y que el crítico italiano esquematiza en diez puntos: 1) narración de la historia a partir de su fin; 2) profecía y matrimonio de los genitores, motivo que puede ser variable y que tiene como función dar pie al siguiente; 3) alejamiento del hijo de su casa; 4) educación del niño; 5) regreso una vez finalizada su educación; 6) la esfinge (motivo que no se halla en Segundo); 7) el parricidio y el matrimonio (que en Segundo es reemplazado por la muerte del padre); 8) la primera apoteosis de Edipo (motivo que falta en Segundo); 9) la transformación física del héroe; 10) la segunda apoteosis de Edipo (reabilitación del protagonista, purificación y redención del

---

[97] Véase Alfonso D'Agostino, "Una versione italiana", p. 198.

[98] Stith Thompson, *Motif-Index of Folk-Literature*, Copenhague-Bloomington, Indiana, 1955-1958², 6 vols. Reinaldo Ayerbe-Chaux, "El uso de *exempla* en la *Estoria de España* de Alfonso X", *La Corónica*, 7 Nº 1 (1978), pp. 28-33, esp. p. 30, añade al motivo N 383.3 ya mencionado uno más narrado por Valerio Máximo (en *Dictorum factorumque memorabilium libri novem*, vii, 2, ex. 6): El silencio del filósofo Zenócrates.

pecado)[99]. Hay que agregar también otros dos motivos. El primero es el que Curtius llamó "panegírico de los soberanos"[100], que destacaba la necesidad en el rey de una cultura literaria, para evitar la calificación que Juan de Salisbury aplicó al rey romano Conrado III: "Quia rex illiteratus est quasi asinus coronatus"[101]. Por último, se presenta el motivo de la transmisión del saber. En las colecciones sapienciales se va en búsqueda del saber y se lo adquiere, ya sea escuchando las palabras de un filósofo, como son los dichos de Sócrates en *Bocados de oro*[102], o ya hallándolo por escrito en los más diversos lugares: en columnas, como lo encontró Tarcus en la *Estoria de España* (caps. 12 y 13), en el templo de Abdexenit que hizo Homero el Mayor, como es el caso de *Poridat de Poridades*[103], o en el sello de algunos filósofos, como ocurre con el *Libro de los buenos proverbios*[104]. Muchas veces el texto que se tiene delante es la puesta por escrito de lo que se escuchó a los filósofos. Así ocurre en *Calila e Dimna,* en la cual Berzebuey pone por escrito los dichos que oyó a los sabios en India[105], o en el *Secreto de los secretos,* donde Aristóteles escribe unas cartas a Alejandro con consejos sobre el gobierno del reino, excusándose

---

99 A. D'Agostino, "Una versione italiana", pp. 197-201.

100 *Literatura europea y Edad Media latina,* vol. I, pp. 254-256.

101 Este proverbio tuvo una enorme difusión en Europa. En Castilla lo encontramos, tardíamente, en una obra del siglo XV, *Tratado de la comunidad* (ed. F. A. Ramírez, Londres, Tamesis Books, 1988, cap. 15, p. 93), volviéndose a citar en Juan de Salisbury: "Cuenta de un prinçipe de Roma que enbio letras a un rey de Françia que le rogava que fiziese aprender a sus fijos, diziendole que rey sin letras es semejante al asno coronado".

102 De hecho, Sócrates en esta obra es un defensor a ultranza de la enseñanza auricular: "E dizie porque la sapiencia es cosa linpia e santa, no nos la conviene de la poner si non en las almas bivas, e non en los pellejos muertos. E por eso non fizo libros ningunos, nin lo que mostrava a sus discipulos, non gelo mostrava por libro, si non por palabra solamente" (ed. Crombach, p. 45).

103 *Poridat de las poridades,* ed. Lloyd A. Kasten, Madrid, 1957.

104 *Libro de los buenos proverbios,* ed. Hermann Knust, *Mittheilungen,* pp. 1-65 (texto) y 519-537 (estudio).

105 *Calila e Dimna,* ed. J. M. Cacho Blecua y M. J. Lacarra, Madrid, Castalia, 1984.

de no poder concurrir hasta donde se hallaba el gran conquistador[106]. En esta historia de Segundo, sus dichos fueron puestos por escrito para responder al emperador sin quebrantar su silencio: "E todas estas cosas pregunto el enperador Adriano a Segundo, el filosofo. Y el rrespondiole a ellas escriuiendo las rrespuestas en la tabla"[107].

La estructura general de la obra (biografía ejemplar + Sentencias) hizo posible que la *Vita Secundi* fuera anexada en el siglo XV a *Bocados de oro* como un capítulo más de ella, sin que se resintiera la organización de esta magna colección. De hecho, la *Vita* sigue pautas esquemáticas similares a las ensayadas en *Bocados*. Según se ha determinado[108], los retratos biográficos de *Bocados* suelen comenzar haciendo referencia al *genus* del protagonista; luego se sucede la narración de diversas situaciones o hechos que constatan la entidad del sabio como tal. La materia biográfica se puede organizar según tres esquemas: 1) exponer una serie de hechos que dan cuenta del buen hacer del protagonista (es el caso de Longinem); 2) narrar una vivencia determinada (por ejemplo en la vida de Sócrates, centrada en su muerte); 3) seguir un orden cronológico (como se hace con Alejandro Magno). Sin embargo, la *Vita* posee un desarrollo algo diferente, lo cual patentiza su carácter espurio dentro de *Bocados de oro*. No se hace mención al *genus* o linaje de Segundo; más bien, por el hecho que ha sido enviado a las escuelas y que en su casa hay sirvientes, podemos deducir que se trata de un personaje de la nobleza. La biografía se desarrolla siguiendo la pauta del segundo esquema biográfico descrito por Haro: toda la Vida se centra en un único hecho, el regreso a su casa para experimentar lo aprendido y el consiguiente encuentro con Adriano.

---

[106] *Secreto de los secretos*, ed. Hugo O. Bizzarri, Buenos Aires, *Incipit*, Publicaciones 2, 1991.

[107] Obsérvese que la versión de Walter Burley no tiene este mismo cierre. La versión de Guillermo, por el contrario, explicita bien este hecho: "Igitur Adrianus imperatur cum hec legisset et didicisset causam quare Secundus in silentio philosopharetur, præcepit eius libros sacre bibliotece inseri et intitulari Secundi phylosophi" (p. 159).

[108] Marta Haro, "Los esquemas biográficos en la prosa gnómica del XIII: el caso de los *Bocados de oro*", en *Homenatge a Amelia García-Valdecasas Jiménez*, edición a cura de Ferran Carbó, Juan Vicente Martínez Luciano, Evelio Miñano y Carmen Morenilla, Valencia, Facultad de Filología-Universidad de València, 1995, vol. I, pp. 415-431. De forma más general, puede verse el trabajo de M. J. Lacarra, "La imagen de los filósofos en los textos gnómicos del siglo XIII", en *Actas del I Congreso Nacional de Filosofía Medieval*, Zaragoza, Sociedad de Filosofía Medieval, 1992, pp. 45-63.

Fernando Gómez Redondo, refiriéndose a la obra de Burley, propone otra organización para las biografías ejemplares: 1) época en que florece el filósofo; 2) obra que de él se conoce; 3) peripecias de las que acaban emanando dichos o sentencias[109]. La *Vita Secundi* se ciñe más a este esquema. De Segundo se nos dice que floreció en tiempo del emperador Adriano, es decir, en el siglo I de nuestra era, y de sus peripecias emanan las treinta y cuatro preguntas que le hace el emperador.

También han llamado la atención los pretendidos elementos neopitagóricos de esta obra. El silencio que guarda Segundo hizo a los traductores latinos ligarlo a dichos círculos filosóficos. Bachmann[110] señaló que, si bien todas las definiciones de las Sentencias son muy generales, cuatro —las Nos. 1 (mundo), 3 (Dios), 7 (hombre) y 32 (amor)— revelan un espíritu neopitagórico. El mundo, en el sentido neopitagórico, es un αιώνιον διαχράτημα, un *tenor eternus*. Dios es definido como un puro ser espiritual, como νοῦς, πνεῦμα, es un πολυδιοίχητον πνεῦμα, un espíritu todopoderoso, una fuerza (πολυώνυμος δύναμις), una luz (φῶς), materia de la cual todo procede (ιδία πάντων οὖσία)[111]. Del hombre se dice que es un ser sensual. La definición de *amicitia (Equalitas animorum)* recuerda a un pitagórico, Polyhistor Alexander, que definió a la amistad como una "armonía espiritual". Para Bachmann esta obrilla presenta una cosmovisión neopitagórica ofrecida de una forma popular[112]. Y concluye conjeturando que la filosofía de Segundo debió ser concebida en Alejandría: "Der Entstehungs-Ort der Sec.-Philosophie lässt sich natürlich nicht mehr angeben. Doch ist es immerhin nicht unwahrscheinlich, dass auch sie in der ursprünglichen Heimat des Neopythagoreismus, in Alexandria concipiert worden ist" (p. 48). Pero Bachmann (p. 49) también encuentra que muchas preguntas son de naturaleza cristiana y tienen, por tanto, un carácter homilético edificante. Por el contrario, Perry opina que la

---

[109] *La prosa del siglo XIV*, pp. 68-70.

[110] *Die Philosophie*, pp. 44-49.

[111] ιδία πάντων οὖσία es considerada por Perry (*Secundus*, p. 80 nota) como una adición posterior y la excluye de su texto.

[112] "Kurzum, es hat eine überwiegende Wahrscheinlichkeit für sich, dass der *Secundus* uns die *neopythagoreeische Weltauffassung* in einer *populären Gestalt* darbietet, da nur Züge Aufnahme gefunden haben, welche dem Geschmack und der Denkweise der Neopythagoreer zusagten", *Die Philosophie*, p. 47.

filosofía de las preguntas es tan general que no puede adscribirse a una escuela, aunque reconoce que la fórmula τί ἐστι es una técnica interrogativa pitagórica[113]. Y sostiene (p. 7) que la decisión de Segundo de guardar silencio a precio de su vida muestra que el autor no ha entendido la teoría y práctica del silencio en un ascetismo pitagórico.

Pese a todo esto, Francisco Rodríguez Adrados no dudó en calificar a este diálogo como "un verdadero nido de sabiduría cínica"[114]. Esta secta era proclive a escribir biografías en las que se pusiera de manifiesto el ejemplo de una vida. Elementos cínicos que se presentan en la Vida son la fragilidad de las mujeres, el filósofo enfrentado al rey y la infidelidad general de las mujeres y su búsqueda sin pudor del amor físico, mientras que en las Sentencias encontramos el tema del hombre como ser perecedero, la belleza como algo engañoso y fugaz, la riqueza como servidora de placeres, la pobreza como fuente de sabiduría y la mujer como ser infiel. Rodríguez Adrados concluye: "Pienso que el centro de la inspiración del librito está precisamente en el cinismo. De un lado, por el planteamiento que opone al filósofo indefenso, pero impertérrito y sabio, frente al poderoso que le es inferior en sabiduría; de otro, como queda dicho, por el mismo contenido de las respuestas o, al menos, de muchas de ellas" (pp. 319-320).

La adscripción de Segundo a la secta de los neopitagóricos está indicada por el texto ya en su versión griega (Πυθαγορικόν ἐξειληφώς βίον), referencia que curiosamente, habiéndose conservado en todas las versiones latinas, la traducción alfonsí omite[115]. La decisión de Segundo de guardar silencio durante toda su vida, si bien no es un rasgo netamente pitagórico, es verdaderamente sustancial para el relato. Su actitud hará que peligre seriamente su vida y acercará su figura a la del héroe. Es esa ley impuesta a sí mismo lo que permite al filósofo mostrar el perfil heroico de sabio.

---

[113] Perry, *Secundus*, pp. 9-10.

[114] "Elementos cínicos en las *Vidas* de Esopo y Segundo y en el *Diálogo* de Alejandro y los gimnosofistas", en *Homenaje a Eleuterio Elorduy*, Bilbao, 1978, pp. 309-328, cita en p. 318.

[115] "Secundus fuit philosophus; hic philosophus est omni tempore silencium conservans et pictagoricam ducens vitam" *WM* (p. 152); "Temporibus Adriani floruit Secundus philosophus, qui philosophatus est omni tempore silentium servans, et Pithagoricam vitam ducens" *SH* (p. 101). Burley también conservó esta referencia encabezando el diálogo: "Secundus philosophus Athenis claruit tempore Adriani imperatoris, qui philosophatus est omni tempore silencium seruans, et pitagoricam vitam ducens" (fol. 50r).

Hay, además, otro elemento filosófico que unirá este diálogo una vez más al *Diálogo de Epicteto y el emperador Adriano*: el socratismo cristiano. El socratismo cristiano consistió en un conocimiento de sí mismo como una forma de conocer la imagen que el hombre poseía de Dios dentro de sí[116]. Epicteto no es un héroe. Va pasando de un dueño a otro hasta dar con el duque (en la versión A) o el emperador Adriano (en la versión B) y responder a sus preguntas. Su socratismo es de corte filosófico: "Et, ¿pues, sabio eres tu? El rrespondio: Aquel es sabio quien castiga a si mesmo" (Nº 4, versión *A*)[117]. José Antonio Maravall, sin embargo, señaló una segunda forma de socratismo cristiano: la que nace del heroísmo del sabio[118]. Así como el héroe es presentado como edificante modelo de conducta moral, también el sabio es modelo digno de admirar, pues "al poseer la sabiduría se comporta según ella y muestra un ejemplo de virtud efectiva". Este es el socratismo que muestra Segundo, pues su silencio es ejemplar en tanto que no renuncia a él aun a costa de perder su propia vida.

Ya hemos comentado (p. xv) la opinión de Bachmann con respecto a la unidad de la obra. El filólogo señalaba que la tesis fundamental de la Vida, es decir, que no hay mujer casta, no se repite en la pregunta Nº 9: "¿Que es la muger? Confondimiento del onbre, bestia que nunca se farta, cuydado que non ha fin, guerra que nunca queda, peligro del onbre que non ha en sy mesura". Sin embargo, pese a que, ciertamente, no se repita el concepto, tanto la Vida como las Sentencias expresan una misma visión de la mujer que le otorga un carácter antifeminista a la obra muy propio de la literatura sapiencial.

---

[116] Sobre el particular véase Étienne Gilson, "El conocimiento de sí mismo y el socratismo cristiano", en *El espíritu de la filosofía medieval*, Buenos Aires, Emecé, 1952, pp. 213-231 (versión original *L'Esprit de la philosophie médiévale*, París, 1944).

[117] No se halla en las versiones *C* ni *D*. En *B*, Nº 3, posee diferente formulación: "Y ellos le dixeron: Pues luego, ¿tu eres grand sabio? Rrespondio el ynfante: Aquel es sabio que a sy mesmo castiga" (ed. Bizzarri, p. 89).

[118] J. A. Maravall, "La estimación de Sócrates y de los sabios clásicos en la Edad Media española", en *Estudios de historia del pensamiento español. Serie primera. Edad Media*, Madrid, Ediciones Cultura Hispánica, 1973, pp. 289-354, nuestra cita en p. 305. Seguidamente el historiador agrega: "En rigor, esta aproximación entre héroe y sabio en que cree el Medioevo es también de base socrática. Supone la creencia en un intelectualismo moral: el que conoce el bien lo practica y el que lo practica es porque lo conoce."

1

B) La tradición textual

9. Manuscritos y ediciones antiguas

a) Versión de Vicente de Beauvais

h Ms. h.III.1 (*olim* iij.h.1 y V.M.14) del Monasterio de El Escorial. Encuadernado en el Monasterio. En la cubierta está estampado el sello real. Son 158 folios + 3 folios de guarda iniciales y otros 3 finales. Los folios miden 20,50 x 27,90 mm. Caja de escritura 13 x 18,70 mm. Calderones y títulos en rojo. Escrito a plana entera en letra gótica del siglo XV. Foliación moderna en lápiz que contabiliza 158 folios. El volumen posee bordes dorados. En el lateral está el sello real y la inscripción "I.STR PVRIDAD PVRIDADES 18". Este volumen es el producto del ensamble de dos antiguos manuscritos: el primero con foliación antigua 1 a 73 que contiene la traducción castellana de la *Vida y costumbres de viejos filósofos* de Walter Burley, y el segundo de 1 a 85 que contiene una miscelánea de textos sentenciosos[119]. Al final de la primera foliación y correspondiendo al primer manuscrito hay un folio en blanco. La *Vida de Segundo* se encuentra en los folios 145r a 146v a continuación de una copia de *Flores de filosofía*. Tomamos este manuscrito como texto base de nuestra edición.

S Ms. 1763 (*olim* Palacio 2-B-5) de la Biblioteca Universitaria de Salamanca[120]. Encuadernación moderna. Son 137 folios + 3 folios

---

[119] Entre los que se encuentran *Poridat de las poridades*, *Libro de los buenos proverbios*, *Flores de filosofía*, etc. Véase su detallada descripción en Fr. Julián Zarco Cuevas, *Catálogo de los manuscritos castellanos de la Real Biblioteca de El Escorial*, Madrid, 1924, vol. I, pp. 209-211; *Bibliography of Old Spanish Texts*, compiled by Ch. B. Faulhaber, A. Gómez Moreno, D. Mackenzie, J. Nitti y B. Dutton, Madison, Hispanic Seminary of Medieval Studies, 1984[3], asientos 295-303, Lloyd A. Kasten (ed.), *Poridat de las poridades*, pp. 23-24. Hugo O. Bizzarri determinó, además, que en los folios 148v a 149v se copian fragmentos del *Libro de los cien capítulos*; véase "Un testimonio más para tres capítulos del *Libro de los cien capítulos*", *Incipit*, 9 (1989), pp. 139-146.

[120] Descripción en María Jesús Lacarra, "Un fragmento inédito del *Calila e Dimna* (Ms. P)", *El Crotalón. Anuario de Filología Española*, 1 (1984), pp. 679-706, esp. p. 680; *BOOST3*, asientos Nos. 2728-2732, aunque no se señala la presencia ni del *Arte de la memoria* ni de la *Vida de Segundo*; María Morrás, "Tratado de Segundo", p. 280; John K. Walsh, "Coloquio de la memoria, la voluntad y el entendimiento (Biblioteca Universitaria de Salamanca Ms. 1763)", conferencia leída en la Modern Language Association Convention, 1986 (abstract en *La Corónica*, 15 Nº 1 (1986), p. 84).

iniciales de guarda y otros 3 finales. Miden 21 x 27, 60 mm. Caja de escritura 16, 50 x 20 mm. Escrito a dos columnas en letra gótica del siglo XV. Calderones y títulos en rojo. Capitales en rojo y azul. Es un tomo facticio. La primera unidad, del folio 1 al 69, incluye las obras *Bocados de oro* y *Libro de los cien capítulos*. La segunda, del folio 70 al 85, comprende un *Arte de la memoria*. La tercera y última, los folios 86 a 137, incluye la *Vida de Segundo* (folios 86r*a*-86v*b*), que abarca hasta la quinta pregunta[121], *Libro de los buenos proverbios, Poridat de las poridades* y un fragmento del *Calila e Dimna*. En el folio 3 de guarda se escribe con letra del siglo XVI: "Dichos y hechos delos filosofos antiguos; de Alexandro el Magno con un arte de memoria".

M Ms. 9204 (*olim* Bb. 109) de la Biblioteca Nacional de Madrid[122]. Encuadernado modernamente. Son 78 folios + 5 finales en blanco + 2 folios iniciales de guarda y otros 2 finales. Los folios miden 34 x 21,50 mm. Escrito a plana entera en letra gótica del siglo XV. Títulos en rojo. Faltan las capitales. El volumen contiene una copia de *Bocados de oro*. La *Vida de Segundo* comprende los folios 76v a 78r, últimos de volumen. Este manuscrito perteneció al Conde de Haro y se halla catalogado en su inventario de 1455: "Tratado intitulado Bocados de oro compuesto por Bonino [*sic*] rey de Persia; trata de los cinco sentidos y de dichos de savios antiguos, del profeta Seth y de Hermes y de Japh, y otros especialmente de Hipocras, Pitagoras, Diogenes, Socrates, Platon, Aristoteles, Alexandro, y Ptolomeo y Galeno, y al fin esta otro libro de dichos de otros savios sin los referidos en el primero"[123].

e Ms. e.III.10 (*olim* ii.M.20 y ii.e.22) del Monasterio de El Escorial[124].

---

[121] M. Morrás ("Tratado de Segundo", p. 280) señala que "De su cotejo con la edición de Knust se desprende que falta al menos un folio y, quizás, parte de otro".

[122] Este manuscrito fue descrito por Mechthild Crombach, *Bocados*, p. xxvii; *BOOST3*, asiento Nº 1589.

[123] Véase Jeremy Lawrance, "Nueva luz sobre la Biblioteca del Conde de Haro: inventario de 1455", *El Crotalón. Anuario de Filología Española*, 1 (1984), pp. 1073-1111, Nº 113, nuestra cita en p. 1101.

[124] Véase Fr. J. Zarco Cuevas, *Catálogo*, Vol. I, pp. 132-133; *BOOST3*, asientos Nos. 231 y 232; Hermann Knust, *Mittheilungen*, p. 539; Crombach, *Bocados*, pp. xxvi-xxvii.

Encuadernado en el Monasterio. Son 95 folios, con numeración antigua en romanos. Letra gótica del siglo XV. Escrito a dos columnas. Faltan las capitales. Caja de escritura 27,50 x 20,50 mm. Procede de la capilla Real de Granada. La *Vida de Segundo* ocupa los folios 93v a 95v. Está escrita a continuación de *Bocados de oro.*

B Ms. 283 (ubicación 20-4-5) de la Biblioteca Particular de Bartolomé March Servera[125]. Encuadernación en piel sobre tabla con agarraderas de acero. Son 226 folios + 1 de guarda inicial y otro final. Los folios miden 28,70 x 21 mm. El códice contiene dos obras: los *Oficios de Cicerón* y *Bocados de oro.* Caja de escritura para la primera 19 x 11,50 mm., escrita a plana entera, y para la segunda, caja de escritura 17,50 x 13 mm., escrita a dos columnas en letra gótica redondilla del siglo XV. Títulos y calderones en rojo. Este manuscrito es el resultado del ensamble de dos anteriores, con numeración independiente en romanos. Hay, además, numeración moderna en arábigos. *Oficios* ocupa del folio 1 al 94 (moderna 1r-93v), luego siguen dos en blanco sin numerar (moderna fols. 94-95) y *Bocados* del folio 1 al 134 (moderna fols. 96r-226v). Este manuscrito fue comprado en 1960 por la Biblioteca de fondos bibliográficos procedentes del Duque de Medinaceli. La *Vida de Segundo* ocupa los folios 224r a 226v.

R Ms. 18 de la Biblioteca Lambert Mata (Ripoll), perteneciente a la Generalitat de Cataluña[126]. Son 154 fols.; miden 27,60 x 21 mm. Manuscrito del siglo XV. No nos ha sido posible consultar este códice, de manera que sólo poseemos de él los datos ofrecidos por Pedro Cátedra.

A Impreso I-187 de la Biblioteca Nacional de Madrid, *Bocados de oro el qual fizo el Bonium rrey de Persia,* Sevilla, Meinardo Ungut y

---

[125] Véase Charles B. Faulhaber, "Some Private and Semi-Private Spanish Libraries: Travel Notes", *La Corónica,* 4 (1975-1976), pp. 81-91, esp. p. 86.

[126] Véase Pedro M. Cátedra, "Los manuscritos castellanos de la Biblioteca Lambert Mata (Ripoll)", *El Crotalón. Anuario de Filología Española,* 1 (1984), pp. 877-885, esp. p. 879 Nº 18. Véase también de Marta Haro, "Un nuevo testimonio fragmentario de los *Bocados de oro*", *Revista de Literatura Medieval,* 8 (1996), pp. 9-25.

Estanislao Polono, 16 de mayo de 1495, folios 47v a 48r[127].

T Impreso R-2544 de la Biblioteca Nacional de Madrid, *Bocados de oro el qual fizo el Bonium rrey de Persia*, Toledo, a once dias del mes de diziembre de mill & quinie*n*tos & diez años, folios 46v-47v[128].

V Impreso R-11851 de la Biblioteca Nacional de Madrid, *Libro llamado Bocados de oro el qual hizo el Bonium rey de Persia*, Valladolid, Micer Lazaro Saluago, ginoues. Acabose a veynte y tres dias del mes de dizie*n*bre Año de .M.D.XXVII. años, folios iiir-iii iiir. Este ejemplar perteneció a Pascual de Gayangos[129].

b) Versión de Walter Burley

h Ms. h.III.1 del Monasterio de El Escorial, folios 69v a 72v (descrito *supra*).

P Ms. II/561 de la Biblioteca de Palacio (Madrid), siglo XV, fols. 70v-73r. Encuadernación del siglo XVIII. Los folios primero y último de los dos primeros cuadernillos en pergamino (fols. 1 y 10, 11 y 20); el resto en papel. Escrito a dos columnas en letra del siglo XV. Los folios miden 29,50 x 20,50 mm. Caja de escritura de 13 x 18,50 mm. El volumen contiene la *Vita felix* (fols. 1r-23v) de Séneca traducida y comentada por Alonso de Cartajena (los comentarios están colocados en los márgenes) y la *Vida y costumbres de viejos filósofos* de Walter Burley (fols. 25r-74r). El manuscrito data de la época de Juan II: "El qual segu*n*d su entençio*n* se atribuye al rrey don Jua*n* de Castilla n*uest*ro sen*n*or. E comiença en esta man*era*" (fol. 1r)[130].

---

[127] Descrito por Crombach, *Bocados*, p. xxvii. Véase también Knust, *Mittheilungen*, p. 539 y ss.

[128] Descrito por Crombach, *Bocados*, p. xxviii. Véase también Knust, Mittheilungen, p. 539 y ss., y F. J. Norton, *A Descriptive Catalogue of Printing in Spain and Portugal 1501-1520*, Cambridge, Cambridge University Press, 1972, Nº 1060. Norton anota también bajo el asiento Nº 1025 una edición de 1502.

[129] Descrito por Crombach, *Bocados*, p. xxviii. Véase también Knust, *Mittheilungen*, p. 539 y ss.

[130] Hace referencia a este manuscrito N. G. Round, *Libro llamado 'Fedron'*, p. 57 nota 39. Señala que esta copia fue terminada en 1435.

M Ms. 39 (*olim* 2-7-4 Ms. 90) de la Real Academia de la Historia, folios 1r-63v[131].

10. Ediciones modernas y estado textual

La fortuna literaria de la *Vita Secundi* en Castilla fue muy diferente a la de *La doncella Teodor* y al *Diálogo de Epicteto y el emperador Adriano.* Mientras éstos en el siglo XV fueron profundamente reelaborados, *Segundo* logró su pervivencia sólo gracias a su inserción dentro de *Bocados de oro*[132].

Dicho proceso no es exclusivo de las impresiones de esta obra —*ATV* traen como capítulo Nº 27 de *Bocados de oro* la *Vita Secundi*—; ya se había producido en las copias manuscritas. De las cinco que tenemos, tres (*MeB*) presentan esta amalgama, mientras que dos (*hS*) transmiten la obra independientemente. De éstas, una (*S*) es fragmentaria, interrumpiéndose por causas mecánicas en la respuesta a la quinta pregunta. De manera que, si para una parte de la tradición *Segundo* fue una obra independiente, para otra conformó un capítulo final de *Bocados de oro.*

Hasta el siglo XIX, las versiones castellanas de la *Vita Secundi* no volvieron a interesar; sin embargo, del otro lado de los Pirineos la versión latina contenida en la obra de Walter Burley despertaba una y otra vez la atención de los críticos. Sólo cuando el romanista Hermann Knust, atraído tanto por la tradición ejemplar como por la sapiencial, se abocó al estudio y edición de *Bocados de oro*[133] y también de la versión castellana del *Liber de vita et moribus philosophorum* de Walter Burley[134],

---

[131] Se trata de una versión fragmentaria que comienza con la vida de Tales y acaba con la de Prisciano. Véase Ángel Gómez Moreno, "Manuscritos medievales de la colección San Román (RAH)", en *Varia bibliográfica. Homenaje a José Simón Díaz,* Kassel, Edition Reichenberger, 1988, pp. 321-328, esp. 326.

[132] Véase el impreso de *Epicteto* de 1540 en Suchier, *L'Enfant sage,* pp. 365-394. Para la *Doncella Teodor* consúltese Walther Mettmann (ed.), *Historia de la doncella Teodor. Ein spanisches Volksbuch arabischen Ursprungs: Untersuchung und kritische Ausgabe der ältesten bekannten Fassungen,* Maguncia, Akademie der Wissenschaften und der Literatur, 1962. Un estudio globalizador lo realizamos en nuestro libro *Diálogo de Epicteto,* pp. 8-18.

[133] Véanse sus *Mittheilungen,* pp. 498-506 (texto) y 602-612 (estudio). Anteriormente había adelantado sus conclusiones en "Ein Beitrag zur Kenntnis der Eskurialbibliothek", *Jahrbuch für romanische und englische Literatur,* 10 (1868), pp. 148-149.

[134] Véase arriba, p. xxvi nota 55; *Segundo* se halla en las pp. 372-386.

renació el interés por este diálogo. Knust volvió a separar la *Vita Secundi* de *Bocados*. En su edición se basó en el manuscrito *e* y lo corrigió con ***hATV***, ignorando la existencia de ***SMB***. De la *Vita et moribus*, en cambio, poseía un sólo manuscrito, ***h***. Sus modélicas ediciones fueron manejadas una y otra vez por los estudiosos y sólo en fechas recientes María Morrás editó la copia fragmentaria salmantina de la versión de Vicente de Beauvais, de cuya existencia ya se tenía noticias[135], y Margaret Parker transcribió el Incunable 187 de la Biblioteca Nacional de Madrid para el disco 1 de Admyte[136]. Por otra parte, en 1906 R. Menéndez Pidal ofrecía la versión inserta en la *Estoria de España*, al editar la *Primera crónica general*[137]. De esta forma, se completaba un amplio ya que no acabado panorama textual de la presencia de la *Vita Secundi* en Castilla.

11. La tradición manuscrita

El cotejo de las más de trescientas variantes significativas que hemos seleccionado de esta pequeña obrilla nos revela que los testimonios conservados no conforman un conjunto homogéneo, sino que se los puede clasificar en tres grupos. Esto presenta, como veremos, una nueva dimensión de la obra: etapas diferentes de recepción y un replanteo de su relación con la crónica alfonsí.

11.1. *MeB* se remontan a un subarquetipo β[138]

En el cotejo de texto se observa que los grupos *hSATV* y ***MeB*** poseen lecturas adiáforas, es decir, lecturas, aunque divergentes, todas formalmente correctas[139].

---

[135] Véase arriba, p. l nota 120. Efectivamente, ya había señalado su presencia María Jesús Lacarra en su artículo "Un fragmento inédito", p. 680.

[136] Véase en Francisco Marcos Marín, *ADMYTE. Archivo Digital de Manuscritos y Textos Españoles*, Disco 1, Madrid, Comisión Quinto Centenario, 1992.

[137] Forma parte, como ya hemos dicho, del capítulo 196 de la crónica (ed. cit., Vol. I, pp. 145-147).

[138] Para facilitar la localización de las variantes cotejadas, anteponemos el número que la variante lleva en el aparato crítico.

[139] Para una definición de este tipo de variante y su utilidad véase D'Arco S. Avalle, *Principi di critica testuale*, Padova, 1972, pp. 97-98. Alberto Blecua, *Manual de crítica textual*, Madrid, Castalia, 1983, p. 49, prefiere llamarlas en esta fase de la edición "lecturas enfrentadas".

(133) sy te non [non te inv. *S*] quisiere fablar *hSATV*
si no te quiere [luego add. *e*] fablar *MeB*

(169) por que esta [es ant. *ATV*] ley de non fablar *hSATV*
por que es ley [la ant. *eB*] de non fablar *MeB*

(196) quierote fazer vnas demandas *hSATV*
quierote fazer mas demandas *MeB*

(254) guerra que nunca queda *hATV*
guerra que non queda *MeB*

(266) deseo que non puede ser conplido *hATV*
deseo que nunca puede ser conplido *MeB*

(329) marauillosa çertedunbre *hATV*
marauillosa creençia *MeB*

El grupo *MeB* no transmite, además, un importante grupo de lecturas que se hallan en *hSATV*.

(95) el biuiendo alli y faziendo *hSATV*
biuiendo e faziendo *MeB*

(155) y non quiso fablar *hSATV* om. *MeB*

(170) que tu mesmo has puesta *h*
por ty mesmo es puesta *S*
que tu mesmo te has puesto *ATV* om. *MeB*

(235) cobertura del ynfierno madre *hATV* om. *MeB*

MeB poseen errores conjuntivos que los patentiza definitivamente como un conjunto independiente de la tradición de *hSATV*.

(233) que es la tierra fundamento del çielo yema del mundo *hATV*
ymagen del mundo *MeB*

(238) que es la tierra [...] çillero de vida *hATV*
çielo de vida *MeB*

(247) que es la fermosura. flor seca *hATV*
fortaleza *MeB*

(300) Que son los ojos. guiadores del cuerpo *hATV*
guardadores del cuerpo *MeB*

(321) que es el vjentre [...] **sequedad** de la tierra *hATV*
ssanidad *MeB*

Si bien notamos en un principio lecturas adiáforas entre los grupos *hSATV* y *MeB*, hay importantes errores conjuntivos en este último grupo que señalan que ambos grupos de testimonios derivan de ascendientes independientes. *hSATV* no comparten estos errores, pero tampoco transmiten lecturas tan claramente separadoras de la tradición.

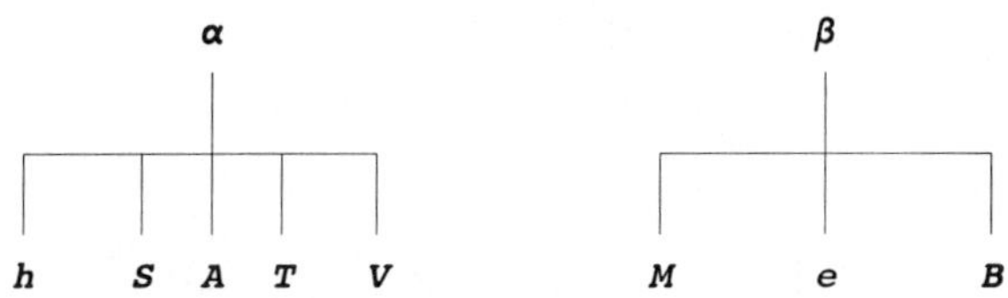

11.2. El grupo *Me* dentro de la tradición de *β*

Los testimonios *Me* se hallan unidos no sólo por el alto número de lecturas conjuntivas que poseen, sino también por presentar una serie de errores que no se hallan en el resto de la tradición.

(23) los cabellos dela cabeça muy luengos *hSBATV*
todos los cabellos de la cabeça muy luengos *Me*

(45) yugujesse [durmjese *h*] **su madre con el** *hSBATV*
yuguiese **con su madre** *Me*

(139) E leuantose estonçes la guarda [la guarda **om.** *B*] onde [al **logar do** *ATV*] tormentauan los onbres *hSBATV* **om.** *Me*

(147) despreçiando [desperdiçiando *S*] la vida **esperaua** callando **la** muerte *hSBATV*
despreciando la vida **apartaua** callando la muerte *Me*

(205) cobertura fermosa de **catar** [mirar *V*] *hSBATV*
cobertura fermosa de **acatar** *Me*

(206) que es el grande **mar** [amor *S*] *hSBATV*
que es el grande **amar** *Me*

(212) posada de los **rrios** *hSBATV*
possada de los **rricos** *Me*

(316) que [cosa **add.** *V*] son los huesos fuerça [la **ant.** *V*] del [que **ay en el** *V*] **cuerpo** *hBATV*
que son los huesos fuerça del **omne** *Me*

(334) que es la cosa que non [nunca *V*] dexa a onbre cansar ***hBATV***
qual es la cosa que non es a dexar al omne gozar ***Me***

Todo esto nos sirve para detectar la filiación común de ***Me*** en oposición a ***B***.

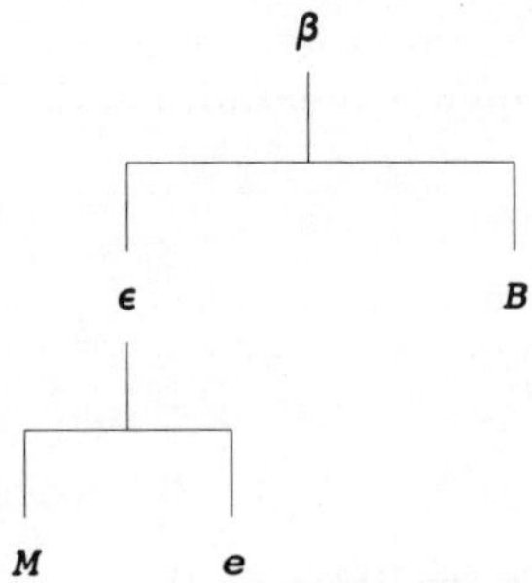

11.3. El grupo *ATV* es independiente de *hS*

Las impresiones *ATV* también parecen conformar un grupo autónomo en la tradición de la *Vita Secundi*. Poseen lecturas claramente adiáforas en relación a ***hS***.

(15) fasta que **fue muy grant** maestro ***hS***
fasta que **llego a seer grant** maestro ***ATV***

(121) non **queremos** que biua ***hS***
non **queramos** que biua ***ATV***

(187-8) mas de oyr la [la **om.** *S*] mj **boz non as poder** en njnguna **gujsa** ***hS***
mas de oyr la mi **palabra no podras** por ninguna guisa ***ATV***

(218) luz y [e *S*] **buena cosa** ***hS***
luz **que no ha fin** ***ATV***

(255) peligro del onbre que **non** ha en sy mesura ***h***
peligro del hombre que **nunca** ha [tiene *V*] en sy mesura ***ATV***

h moderniza algunas lecturas de la rama *ATV* y es muy posible que, de hallarse completa, estos pasajes también se encontrarían en ***S***.

(93) fuesse **para** atenas ***hS***
fuesse [fue *V*] **a** athenas ***ATV***

(244) **alma** lazrada ***h***

anima lazerada *ATV*

(293) posada del **alma** *h*
posada del **anima** *ATV*

En un caso, *ATV* conservan en la pregunta Nº 3 ("¿qué es Dios?") un fragmento de respuesta omitido por la tradición de *h*: "forma que ha en sy muchas formas demanda que non puede ser asmada" (véase nota textual Nº 217).

Poseen, además, un grupo significativo de errores conjuntivos.

(140) **desque** llegaron al logar *hS*
despues que llegaron *ATV*

(166) como se podie [podrie *S*; pudo *ATV*] tener el filosofo de fablar *hS*
de **non** fablar *ATV*

(215) altesa que non [nunca *S*] puede ser **asmada** *hS*
alteza que no puede ser **despreciada** *ATV*

(258) que es amjgo **nonbre** muy deseado *h*
que es amigo **omne** [hombre *TV*] muy deseado *ATV*

En fin, todo esto nos señala la existencia de un subarquetipo γ del cual deriva la tradición de *ATV*.

Por otraparte, las impresiones *T* y *V* no presentan un texto divergente del de *A*. Las divergencias se reducen a algunos casos que, por lo general, responden a modernizaciones:

(22) y con su **blago** *A*
baculo *TV*

(30) que y fuesse *A*
que hay fuesse *TV*

(68) ca no es **derecho** *A*
razon *TV*

Por norma general, *V* tiende a modernizar las lecturas, así como a presentar variantes que responden a cierta tendencia a la reescritura del texto.

(135) fablar por **mjedo de muerte** ***hSAT***
hablar por **ninguna cosa quele dixeres** *V*

(145) non **tomo** [touo *AT*] en nada su [el **ant.** *ATV*] consejo ***hSAT***
no **se le dio** en nada por el consejo *V*

(184) por que **me semejas** prinçipe deste [daqueste *AT*] tienpo ***hSAT***
por que **te veo ser** prinçipe de aqueste tiempo *V*

(291) **traydor** de coraçon ***hAT***
manifiestadora del coraçon *V*

Esta tendencia a la reescritura es la que lo lleva a reemplazar la negación simple "nunca" por una doble "nunca jamás", o a desarrollar un adjetivo como sintagma subordinado:

(250) bestia que **nunca** se farta ***AT***
bestia que **nunca jamas** se farta *V*

(261) bienandança que **nunca** fallesce ***AT***
bienandança que **nunca jamas** fallesce *V*

(270) bien **aborrescido** ***AT***
bien **que es** aborrescido *V*

(285) deseo de los **pobres** ***AT***
desseo de los **que son** pobres *V*

(315) fuerça del **cuerpo** ***AT***
fuerça **que ay** en el cuerpo *V*

En suma, creemos que no ay dudas de que ***T*** y *V* se sirven de ***A***, pero mientras que ***T*** sólo había introducido algunas modernizaciones, ***V*** avanza un poco más allá adoptando algunas expresiones a su propia forma prosódica.

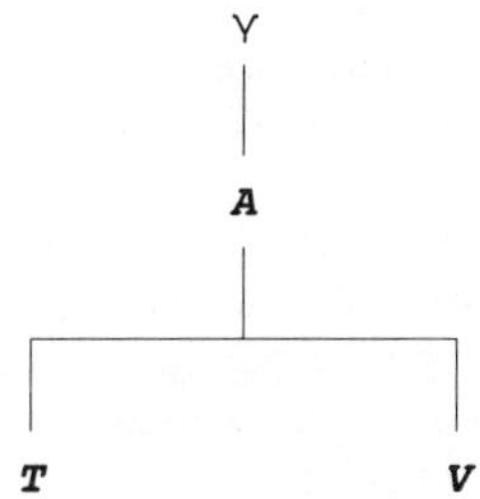

11.4. *β* y γ se remontan a un subarquetipo *π*

Los testimonios *MeB* y *ATV* revelan que *β* y γ derivan de un subarquetipo común, que nosotros llamamos *π*.

(16) que non avia **en el mundo** muger casta ***hS***
que non avia muger casta ***MeBATV***

(17) e **desque** fue acabado ***hS***
despues ***MeB*** despues que ***ATV***

(28) non lo conosçio **su madre nin** ninguno ***hS***
su madre nin **om.** ***MeBATV***

(59) leuantose **por** yr ***hS***
leuantose **para** yr ***MeBATV***

(225) **porpola** del çielo ***h*** [*S* deja espacio en blanco]
purpura del çielo ***MeBATV***

(271) alongamiento de **cuydado** ***h***
alongamiento de **cuydados** ***MeBATV***

Hay errores a los que se les puede hallar una explicación menos mecánica:

(65) **y el rrespondio** y dixo ***h***
y el rrespondio **om.** ***SMeBATV***

Incurren independientemente en la misma omisión *S* y *π*.

(90) y **puso** en su coraçon ***hS***
penso ***MeB*** propuso ***ATV***

π debió de leer "penso", que luego γ o *A* cambiaron en "propuso" para hacer más comprensible la frase.

(141) por que **quieres morir** por callar ***hS***
por que **morras** por callar ***MeB***
por que **mueres** por callar ***ATV***

En **π** se eliminó el verbo modal y se conjugó el primer infinitivo, puesto que los dos infinitivos creaban una expresión difícil. Aunque no ha desaparecido totalmente el poder persuasivo de la expresión, el paso del verbo de su forma infinitiva a una conjugada debilitó este sentido de la frase, tal como lo requiere el relato.

(169) por que **esta** ley ***hS***
por que **es la** ley ***MeB***
por que **es esta** ley ***ATV***

π sintió la necesidad de adicionar un verbo, lectura conservada por *ATV*; **β**, por su parte, eliminó el pronombre demostrativo y lo reemplazó por un artículo.

(276) enfermedad sana ***h***
om. ***MeB*** sana **om.** ***ATV***

π debió de omitir "sana", y **β** eliminó el sustantivo que aislado carecía de sentido.

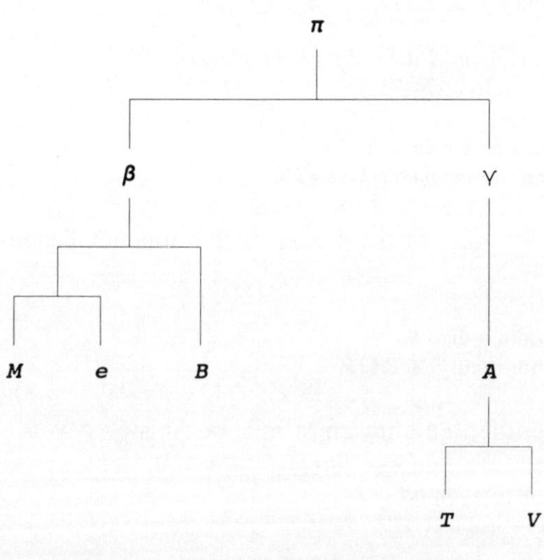

11.5. *h* y *S* conforman otro grupo independiente

hS, por su parte, presentan gran número de lecturas conjuntivas.

(16) dezir que non avia **en el mundo** muger casta ***hS***
dezir que no avia muger casta *MeBATV*

(59) quando vjno en la mannana leuantose **por** yr su vja ***hS***
quando vino la mannana levantose **para** yr su via *MeBATV*

(125) **llamo aparte a la guarda *hS***
llamo la guarda aparte *ATV*
llamole [lo ***eB***] aparte *M*

(145) **non tomo** en nada su consejo ***hS***
non **touo** en nada el [su *MeB*] consejo *MeBAT*
no **se le dio** en nada por el consejo *V*

(206) que es el grande mar [amor *S*] dixo Adriano ***hS***
dixo Adriano que cosa es el grand mar [amar *Me*] *MeBATV*

h a su vez transmite lecturas singulares.

(58) quando vino **en** la mannana ***h***
quando vino [veno ***e***] la mannana *SMeBATV*

(129) y **que** non quiera morir ***h***
e non quiera morir *SMeBATV*

(161) fasta la muerte syenpre **callara** Segundo ***h***
fasta la muerte sienpre **callo** Segundo [Segundo om. *e*] *SMeBATV*

(271) alongamiento de **cuydado *h***
alongamiento de **cuydados** *MeBATV*

S, por su parte, posee buen número de lecturas singulares.

(24) los cabellos de la cabeça **muy** luengos *hMeBATV*
los cabellos de la cabeça luengos *S*

(37) prometiole [le **om.** *MeB*] que le darie [daria *MeBATV*] diez **libras de oro** *hMeBATV*
prometio que le daria .x. libras *S*

(156) quando la guarda **vio aquello** *hMeBATV*
quando la guarda **aquello vio inv.** *S*

(158) lleuolo **al** enperador *hMeBATV*
lleuolo **antel** enperador *S*

(213) dixo el enperador **que es Dios** ***hMeBATV***
que es Dios dixo el enperador **inv.** ***S***

(215) altesa que **non** puede ***hMeBATV***
alteza que **nunca** puede ***S***

Hay casos de evidentes errores en la tradición de *S*.

(147) **despreçiando** la vida esperaua [apartaua *Me*] callando la muerte ***hMeBATV***
desperdiçiando la vida esperaua callando la muerte *S*

(211) e **termino** coronado ***hMeBATV***
e **dygno** coronado ***S***

(225) que es la luna porpola [purpura *MeBATV*] del çielo. **enbidiosa** del sol ***hMeBATV***
que es la luna [*blanco*] del çielo **enbidioso** del sol *S*

Todo esto evidencia que, si bien ***S*** y ***h*** derivan de un mismo subarquetipo, son ramas diferentes de su tradición.

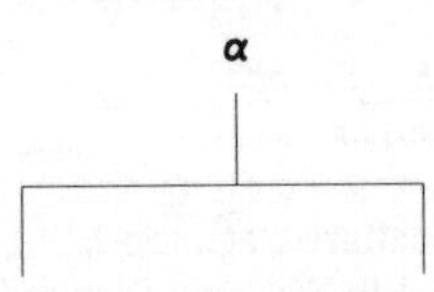

11.6. Hubo una sola traducción de la versión belovacense de la *Vita Secundi*
Estos tres grupos detectados no son consecuencia de la existencia de varias traducciones de la *Vita Secundi*, sino de un proceso de transmisión diverso. Sabemos que ***α*** y sus versiones derivadas tuvieron una vida independiente, pero no podemos decir lo mismo de ***π***. Los testimonios que derivan de este subarquetipo pasaron a formar parte de la obra *Bocados de oro*, no habiendo quedado rastros de una difusión independiente de esta rama de la tradición. Nuestra interpretación, pues, de la tradición textual de la *Vida de Segundo* se esquematiza en el siguiente *stemma*:

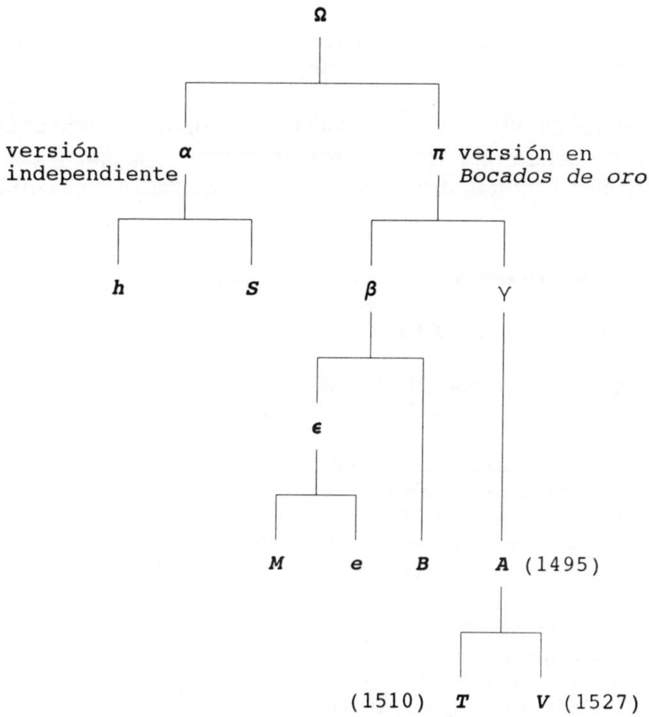

12. La *Vita Secundi* y la *Estoria de España* alfonsí

De estos tres grupos, la versión de la *Vita Secundi* conservada en la *Estoria de España* posee relaciones más estrechas con los grupos *α* y γ que con el grupo ***β***.

(18) E desque fue **acabado** en todo el saber de la philosophia (p. 146a: 19-20) acabado ***hSMATVB*** alabado ***Me***

(227) **enemiga** de los malfechores (p. 146b: 53)
enemiga ***hATV*** enemigo ***S*** enamistad ***M*** enemistad ***eB***

(254) guerra que **numqua** queda (p. 147a: 15-16)
nunca ***hATV*** non ***MeB***

(289) ¿Que es la muerte? [...] **desatamiento** de todas las cosas (p. 147a: 35-39)
desatamiento ***hATV*** esperança ***MeB***

(300) ¿Que son los oios? **Guiadores** del cuerpo (p. 147a: 45-46)
guiadores ***hATV*** guardadores ***MeB***

(329) ¿Que es fe? Marauillosa **certedumbre** de la cosa no connoçuda (p. 147b: 5-7) çertedunbre ***hATV*** creençia ***MeB***

Si bien hemos observado que ***hSATV*** conforman un grupo enfrentado a ***MeB***, hay que aclarar que tampoco son un grupo homogéneo. Las impresiones mostrarán lecturas disímiles con las conservadas en la *Estoria de España*.

(16) no auie **en el mundo** mugier casta (p. 146a: 18-19)
non avja en el mundo muger casta ***h***
en el mundo **om.** ***MeBATV***

(90) **puso** en su coraçon (p. 146a: 46-47)
puso ***h*** penso ***MeB*** propuso ***ATV***

(106) E Adriano **dixol** fabla (p. 146a: 54)
E Adriano **dixole** fabla ***h***
E Adriano **dixo** fabla ***S***
E el enperador Adriano dixo fabla ***MeB***
E el enperador dixo fabla ***ATV***

(125) llamo **aparte a la guarda** (p. 146b: 5-6)
llamo aparte a la guarda ***hS***
a la guarda **om.** ***MeB***
llamo la guarda aparte **inv.** ***ATV***

(165) de cuemo se **podie** el philosopho tener (p. 146b: 22)
podie ***h*** podrie ***S*** podia ***MeB*** pudo ***ATV***

(170) que **te tu mismo as puesto** (p. 146b: 24)
que tu mesmo has puesto [es puesta ***S***] ***hS***
om. ***MeB***
que tu mismo te has puesto ***ATV***

(174) **si al no, fablaras con** la mano (p. 146: 26)
sy al non fabla con la mano ***h***
sy al sinon fabla con la mano ***S***
aqui no fabla por la mano ***Me***
sy mas que non fabla por la mano ***B***
pues al non puede ser e fablar as con la mano ***ATV***

Así, podemos advertir que la versión de la *Estoria de España* se halla más próxima a la conservada por α y γ que a la de β; y, de éstas, es precisamente α la que se emparenta más estrechamente con la versión contenida en la crónica alfonsí. En definitiva, son las copias independientes las que se relacionan con la versión utilizada en la *Estoria de España* y no las contenidas en manuscritos e impresiones de *Bocados de oro*, las cuales debieron seguir el derrotero textual que sufrió la obra de Mubassir ibn Fātik[140]. Todo esto nos hace pensar que la *Vita Secundi* debió de ser traducida sólo como material alfonsí para el proyecto historiográfico y que a partir de ahí se difundió en copias independientes hasta, finalmente, ser incorporada como capítulo 27 de *Bocados de oro*. No hay versión previa a la alfonsí y de ahí que lo más apropiado sea editar la que más se relaciona con ésta.

13. Criterios de edición

Editamos la Versión castellana de la *Vita Secundi*, según los siguientes criterios:

1. Tomamos como texto base el manuscrito escurialense h.III.1, fols. 145r a 146v.
2. El signo tironiano lo transcribimos como *e*.
3. En el aparato crítico no registramos variantes gráficas (p. ej. *codiçia* y *codicia*) ni modernizaciones (p. ej. *fazer* y *hazer*), salvo cuando consideremos que poseen valor filiativo.
4. Desarrollamos las abreviaturas, marcándolas en cursiva.
5. Puntuamos según criterios modernos.
6. Respetamos las grafías del texto, tales como *ss* o *rr* al inicio de palabra o el uso de *u* con valor consonántico o el de *y* con valor vocálico. Regularizamos, sin embargo, el uso de *i-j* con valor vocálico. Lo mismo vale para el aparato crítico.
7. La contracción de preposición *de* y artículo la resolvemos como *dél*.
8. Documentamos algunas lecturas con la versión latina de Vicente de Beauvais tomada de la transcripción de Perry (1964: 101-103) y con la versión castellana interpolada en el cap. 196 de la *PCG* (Menéndez Pidal: 1955).

POST SCRIPTUM: En plena corrección de pruebas, me ha llegado la voluminosa obra de Fernando Gómez Redondo, *Historia de la prosa*

[140] Nótese que ya (véase arriba pp. xli-xlii) para la traducción de la Sentencia Nº 2 habíamos notado una estrecha relación con la fraseología de la *Estoria de España*.

medieval castellana. I. La creación del discurso prosístico: el entramado cortesano, Madrid, Cátedra, 1998, donde en las páginas 502-510 se realiza un excelente análisis de este diálogo, en especial de la progresión de preguntas y respuestas.

Bibliografía

Alvar, Carlos, "La prosa didáctica", en C. Alvar, A. Gómez Moreno y F. Gómez Redondo, *La prosa y el teatro en la Edad Media*, Madrid, Taurus, 1991, pp. 99-100.

Alvar, Manuel (ed.), *Libro de Apolonio*, Madrid, Castalia-Fundación Juan March, 1976, 3 vols.

Amador de los Ríos, José, *Obras de don Íñigo López de Mendoza, Marqués de Santillana*, Madrid, 1852.

————, *Historia crítica de la literatura española*, Madrid, Imprenta a cargo de José Fernández Cancela, 1861-1864, 6 vols., ed. facsímil, Madrid, Gredos, 1969.

Avalle, D'Arco Silvio, *Principi di critica testuale*, Pádova, 1972.

Ayerbe-Chaux, Reinaldo, "El uso de *exempla* en la *Estoria de España* de Alfonso X", *La Corónica*, 7 Nº 1 (1978), pp. 28-33.

Bachmann, Johannes, *Das Leben und die Sentenzen des Secundus des Schweigsamen*, Halle, 1887.

————, *Secundi philosophi taciturni vita ac sententiæ secundum codicem æthiopicum Berolinensem*, Berlín, 1887.

————, *Die Philosophie des Neupythagoreers Secundus*, Berlín, 1888.

Bibliography of Old Spanish Texts, compilada por Charles B. Faulhaber, Ángel Gómez Moreno, David Mackenzie, John J. Nitti y Brian Dutton, Madison, Hispanic Seminary of Medieval Studies, 1984[3].

Bizzarri, Hugo O., "La labor crítica de Hermann Knust en la edición de textos medievales castellanos: ante la crítica actual", *Incipt*, 8 (1988), pp. 81-97.

————, "Un testimonio más para tres capítulos del *Libro de los cien capítulos*", *Incipit*, 9 (1989), pp. 139-146.

———— (ed.), Pseudo-Aristóteles, *Secreto de los secretos*, Buenos Aires, *Incipit*, Publicaciones 2, 1991.

———— (ed.), *Diálogo de Epicteto y el emperador Adriano (Derivaciones de un texto escolar en el siglo XIII)*, Francfort, Vervuert-Iberoamericana, Medievalia Hispanica, Vol. 1, 1995.

————, "Las colecciones sapienciales castellanas en el proceso de reafirmación del poder monárquico (siglos XIII y XIV)", *Cahiers de Linguistique Hispanique Médiévale*, 20 Nº 2 (1995), pp. 35-73.

Blecua, Alberto, *Manual de crítica textual*, Madrid, Castalia, 1983.

Blecua, José Manuel (ed.), Juan Manuel, *Obras completas*, Madrid, Gredos, 1983, 2 vols.

Bocados de oro, véase Crombach.

Burley, véase Knust, Stigall.

Cacho Blecua, José Manuel y María Jesús Lacarra (eds.), *Calila e Dimna*, Madrid, Castalia, 1984.

Calila e Dimna, véase Cacho Blecua.

Cassel, P., *Mischle Sindbad, Secundus, Syntipas*, Berlín, 1891.

Castro y Castro, O. F. M., Manuel de (ed.), Fray Gil de Zamora, *De preconiis Hispanie*, Madrid, Universidad Complutense, 1955.

Cátedra, Pedro, "Los manuscritos castellanos de la Biblioteca Lambert Mata (Ripoll)", *El Crotalón. Anuario de Filología Española*, 1 (1984), pp. 877-885.

————, *Amor y pedagogía en la Edad Media*, Salamanca, Universidad de Salamanca, 1989.

Clark, Doris, "Tarsiana's Riddles in the *Libro de Apolonio*", en *Medieval Hispanic Studies Presented to Rita Hamilton*, edited by A. D. Deyermond, Londres, Tamesis Books, 1976, pp. 31-43.

Curtius, Ernst R., *Literatura europea y Edad Media latina*. Traducción de Margit Frenk y Antonio Alatorre, México, FCE, 1975, 2 vols.

Chauvin, Víctor, *Bibliothèque des ouvrages arabes ou relatifs aux arabes, publiés dans l'Europe chrétienne de 1810 á 1835*, 9 (1905), pp. 45-55.

Crombach, Mechthild, *Bocados de oro*. Kritische Ausgabe des altspanischen Textes, Bonn, Romanisches Seminar der Universität, 1971.

D'Agostino, Alfonso, "Una versione italiana inedita dei *Detti di Secondo* (Contributi alla storia della tradizione)", en *ACME-Annali della Facoltà di Lettere e Filosofia dell' Università degli Studi di Milano*, 30 Nº 2 (1977), pp. 185-212.

———— (ed.), *Fiore e vita di filosofi e d'altri savi e d'imperadori*, Florencia, La Nuova Italia, 1979.

Daly, Lloyd W. y Walther Suchier, *The Altercatio Hadriani et Epicteti Philosophi and the Question-and-Answer Dialogue*, Illinois, The University of Illinois Press, Studies in Language and Literature 24, 1939.

Dashian, P. J., "Das Leben und die Sentenzen des Philosophen Secundus des Schweigsamen in altarmenischer Übersetzung", *Denkschriften der Kaiserlichen Akademie der Wissenschaften*, Viena, 44 Nº 3 (1896).

Delhaye, Ph., "Un dictionnaire d'éthique attribué à Vincent de Beauvais dans le ms. Bâle B.XI.3", *Mélanges de Science Religieuse*, 8 (1951), pp. 65-84.

Deyermond, A. D., "Motivos folklóricos y técnica estructural en el *Libro de Apolonio*", *Filología*, 13 (1968-1969), pp. 124-149.

Diálogo de Epicteto y el emperador Adriano, véase Bizzarri.

Díaz y Díaz, Manuel, "Para la crítica de los Ænigmata de Sinfosio",

Helmántica, 28 (1977), pp. 121-136.

———, Díaz y Díaz, Manuel, *Libros y librerías en la Rioja altomedieval*, Logroño, Biblioteca de Estudios Riojanos, 1979.

Espéculo de los legos, véase Mohedano Hernández.

Faulhaber, Charles B., "Some Private and Semi-Private Spanish Libraries: Travel Notes", *La Corónica*, 4 (1975-1976), pp. 81-91.

Garavelli, Bice Mortara, *Manuale di retorica*, Milán, Bompiani, 1989.

Gesta romanorum, véase Oesterley.

Gil de Zamora, véase Castro y Castro.

Gilson, Étienne, "El conocimiento de sí mismo y el socratismo cristiano", en *El espíritu de la filosofía medieval*, Buenos Aires, Emecé, 1952, pp. 213-231 (versión francesa *L'esprit de la philosophie médiévale*, París, 1944).

Gómez de la Serna, Ramón, *El secreto del acueducto*, Barcelona-Buenos Aires, E.D.H.A.S.A., 1963.

Gómez Moreno, Ángel, "Manuscritos medievales de la colección San Román (RAH)", en *Varia bibliográfica. Homenaje a José Simón Díaz*, Kassel, Edition Reichenberger, 1988, pp. 321-328.

Gómez Redondo, Fernando, *La prosa del siglo XIV*, coordinada por R. de la Fuente, *Historia de la literatura española*, Madrid, Júcar, 1994.

———, *Historia de la prosa medieval castellana. I. La creación del discurso prosístico: el entramado cortesano*, Madrid, Cátedra, 1998.

Grignaschi, Mario, "Lo pseudo Walter Burley e il *Liber de vita et moribus philosophorum*", *Medioevo. Rivista di Storia della Filosofia Medievale*, 16 (1990), pp. 131-190.

———, "*Corrigenda et addenda* sulla questione dello Ps. Burleo", *Medioevo. Rivista di Storia della Filosofia Medievale*, 16 (1990), pp. 325-354.

———, "Il catalogo delle opere di Ippocrate e Galeno nel *De vita et moribus philosophorum*", *Medieovo. Rivista di Storia della Filosofia Medievale*, 16 (1990), pp. 355-395.

Haro, Marta, *La prosa didáctica castellana del XIII y su pervivencia a lo largo de la Edad Media: Estructuras narrativas y mecanismos adoctrinadores*, Valencia, Universitat de València, Serie de Publications, Tesis doctorales, 1994.

———, "Los esquemas biográficos en la prosa gnómica del XIII: el caso de los *Bocados de oro*", en *Homenatge a Amelia García-Valdecasas Jiménez*, edició a cura de Ferran Carbó, Juan Vicente Martínez Luciano, Evelio Miñano y Carmen Morenilla, Valencia, Facultad de Filología-Universidad de València, 1995, vol. I, pp. 415-431.

———, *Los compendios de castigos del siglo XIII: Técnicas narrativas y contenido ético*, Valencia, Departamento de Filología Española-Universitat de València, 1995.

————, "Un nuevo testimonio fragmentario de los *Bocados de oro*", *Revista de Literatura Medieval*, 8 (1996), pp. 9-25.

Hilka, A., "Das Leben und die Sentenzen des Philosophen Secundus des Schweigsamen in der altfranzösischen Literatur, nebst kritischer Ausgabe der lateinischen Übersetzung des Willelmus Medicus abtes von Saint-Denis", *Jahresbericht der Schlesischen Gesellschaft für vaterländische Kultur*, 88 (1910), pp. 6-23.

Historia de la doncella Teodor, véase Mettmann.

Holstein, Lucas, *Demophili, Democratis et Secundi veterum philosophorum sententiæ*, Lyón, 1639.

Hough, J. N., "Platus, Student of Cicero, and Walter Burley", *Medievalia et Humanistica*, 2 (1957), pp. 58-68.

Kasten, Lloyd A. (ed.), *Poridat de las poridades*, Madrid, 1957.

Kerkhof, Maxim (ed.), *Bías contra Fortuna*, Madrid, BRAE Anejo 39, 1983.

Kerkhof, Maxim y Ángel Gómez Moreno (eds.), *Íñigo López de Mendoza, Marqués de Santillana. Obras completas*, Barcelona, Planeta, 1988.

Knust, Hermann, "Ein Beitrag zur Kenntnis der Eskurialbibliothek", *Jahrbuch für romanische und englische Literatur*, 10 (1868), pp. 148-149.

————, (ed.), *Mittheilungen aus dem Eskurial*, Tübingen, Bibliothek des Literarischen Verein in Stuttgart 141, 1879.

———— (ed.), *Gualteri Burlaei Liber Vita et moribus philosophorum, mit einer altspanischen Übersetzung der Eskurialbibliothek*, Tübingen, Gedrückt für den Literarischen Verein in Stuttgart, 1886.

Lacarra, María Jesús, *Cuentística medieval en España: Los orígenes*, Zaragoza, Departamento de Literatura Española, 1979.

————, "La imagen de los filósofos en los textos gnómicos del siglo XIII", en *Actas del I Congreso Nacional de Filosofía Medieval*, Zaragoza, Sociedad de Filosofía Medieval, 1992, pp. 45-63.

————, "Un fragmento inédito del *Calila e Dimna* (Ms. P)", *El Crotalón. Anuario de Filología Española*, 1 (1984), pp. 679-706.

———— y Francisco López Estrada, *Orígenes de la prosa*, en *Historia de la literatura española* Nº 4, coordinada por R. de la Fuente, Madrid, Júcar, 1993.

Lapesa, Rafael, *La obra literaria del Marqués de Santillana*, Madrid, Ínsula, 1957.

————, "Los *Proverbios* de Santillana. Contribución al estudio de sus fuentes", en *De la Edad Media a nuestros días. Estudios de historia literaria*, Madrid, Gredos, 1971, pp. 95-111.

Lawrance, Jeremy, "Nueva luz sobre la Biblioteca del Conde de Haro:

inventario de 1455", *El Crotalón. Anuario de Filología Española*, 1 (1984), pp. 1073-1111.

Libro de Apolonio, véase Alvar, Manuel.

Libro de los buenos proverbios, en Knust (ed.), *Mittheilungen*, pp. 1-61

López de Mendoza, Íñigo, véase Amador de los Ríos.

Manuel, Juan, véase Blecua, José Manuel.

Maravall, J. A., "La estimación de Sócrates y de los sabios clásicos en la Edad Media española", en *Estudios de historia del pensamiento español. Serie primera. Edad Media*, Madrid, Ediciones Cultura Hispánica, 1973, pp. 289-354.

Marcos Marín, F., *ADMYTE. Archivo Digital de Manuscritos y Textos Españoles*, Disco 1, Madrid, Comisión Quinto Centenario, 1992.

Menéndez Pelayo, Marcelino, "La Doncella Teodor. Un cuento de *Las Mil y una noches*, un libro de cordel y una comedia de Lope de Vega", en *Estudios de crítica literaria*, 5, Madrid, Tipografía de la Revista de Archivos, 1908, pp. 131-189.

————, *Orígenes de la novela*, vol. I, Madrid, CSIC, 1962.

Menéndez Pidal, Ramón "La Crónica General que mandó componer Alfonso el sabio", en *Estudios literarios*, Madrid, Espasa-Calpe, 1938, pp. 111-156.

———— (ed.), *Primera crónica general de España*, con un estudio actualizador de Diego Catalán, Madrid, Gredos-Seminario Menéndez Pidal, 1977.

Mettmann, Walter, "Neues zur Überlieferungsgeschichte der sogenannten *Bocados de oro*", en *Festschrift für Fritz Schalk*, Francfort, 1948, pp. 115-132.

———— (ed.), *Historia de la doncella Teodor. Ein spanisches Volksbuch arabischen Ursprungs: Untersuchung und kritische Ausgabe der ältesten bekannten Fassungen*, Maguncia, Akademie der Wissenschaften und der Literatur, 1962.

Mohedano Hernández, José María (ed.), *Espéculo de los legos*, Madrid, CSIC-Instituto Miguel de Cervantes, 1951.

Morrás, María, "*Tratado de Segundo filósofo que fue en Athenas*: Otro manuscrito inédito", *Bulletin of Hispanic Studies*, 67 Nº 3 (1990), pp. 279-284.

Mullach, Fr., *Fragmenta philosophorum graæcorum*, vol. I, París, 1883, pp. 512-515.

Oesterley, Hermann (ed.), *Gesta romanorum*, Berlín, Weidmannsche Buchhandlung, 1872.

Orelli, J. K., *Opuscula græcorum veterum sententiosa et moralia*, vol. I, Leipzig, 1819, pp. 216-226.

Parker, Margaret R., *ADMYTE. Archivo Digital de Manuscritos y Textos Españoles*, Disco 1, Madrid, Comisión Quinto Centanario, 1992.

————, *The Story of a Story across Cultures. The Case of the 'Doncella Teodor'*, Londres, Tamesis, 1996 (Monografías 161).

Paz y Melia, Antonio (ed.), "Tratado que hizo el Tostado de cómo al ome es nescesario amar", en *Opúsculos literarios de los siglos XIV a XVI*, Madrid, Sociedad de Bibliófilos Españoles, 1892, pp. 219-244.

Perry, Ben Edwin, "The Origin of the Book of Sindibad", *Fabula*, 3 (1960), pp. 1-94.

————, *Secundus the Silent Philosopher*, Philological Monographs Published by the American Philological Association XXII, Ithaca, Cornell U. P., 1964.

Pfister, reseña a la obra de A. Hilka (1910) en *Wochenschrift für klassische Philologie*, 28 (1911), pp. 539-548.

Polo de Beaulieu, Marie-Anne, "Des histoires et des images au service de la prédication: La *Scala coeli* de Jean Gobi Junior († 1350)", en *De l'Homélie au Sermon. Histoire de la prédication médiévale (Actes du Colloque International de Louvain-La-Neuve (9-11 juillet 1992)*, ed. Jacqueline Hamesse y X. Hermand, Louvain-La-Neuve, 1993, pp. 279-312.

Poridat de las poridades, véase Kasten.

Prelog, Jan, "Die Handschriften und Drucke von Walter Burleys *Liber de vita et moribus philosophorum*", *Codices Manuscripti*, 9 (1983), pp. 1-18.

————, "Zur Bewertung der Textzeugen von Walter Burleys *Liber de vita e moribus philosophorum*", *Mittellateinisches Jahrbuch*, 20 (1985), pp. 164-183.

————, "*Die Pictagora Phylosopho*. Die Biographie des Pythagoras in dem Walter Burley zugeschribenen *Liber de vita et moribus philosophorum*", *Medioevo. Rivista di Storia della Filosofia Medievale*, 16 (1990), pp. 191-251.

Primera crónica general, véase Menéndez Pidal.

Ramírez, Frank Anthony (ed.), *Tratado de la comunidad (Biblioteca del Escorial Ms. &.II.8)*, Londres, Tamesis Books, 1988.

Revillout, M. E., "Vie et sentences de Secundus, d'après divers manuscrits orientaux", *Academie des Inscriptions et Belles-Lettres, Comptes Rendus*, I Nº 3 (1872), pp. 256-354.

————, *Vie et sentences de Secundus, d'après divers manuscrits orientaux: Les Analogies de ce livre avec les ouvrages gnostiques*, París, Imprim. Nationale, 1873.

Rey, Agapito (ed.), Maestre Pedro, *Libro del consejo e de los consejeros*, Zaragoza, Biblioteca del Hispanista 5, 1962.

Rodríguez Adrados, Francisco, "Elementos cínicos en las *Vidas* de Esopo y Segundo y en el *Diálogo* de Alejandro y los gimnosofistas", en *Homenaje a Eleuterio Elorduy*, Bilbao, 1978, pp. 309-328.

Round, Nicholas G. (ed.), *Libro llamado 'Fedron'. Plato's 'Phedro' Translated by Pero Díaz de Toledo*, Londres-Madrid, Tamesis Books, 1993.

Rubio García, L., "En torno a la biblioteca de Alfonso X el Sabio", en *La lengua y la literatura en tiempos de Alfonso X*, eds. Fernando Carmona y Francisco J. Flores, Murcia, Universidad de Murcia, 1985, pp. 531-552.

Sachau, E., *Inedita Syriaca*, Viena, 1870.

Santillana, Marqués de, véase Amador de los Ríos, Kerkhof.

Secreto de los secretos, véase Bizzarri.

Solalinde, Antonio G., *Antología de Alfonso el Sabio*, Madrid, Austral, 1946[3].

Speculum laicorum, véase Welter.

Stigall, J. O. (ed.), *The De Vita et moribus philosophorum of Walter Burley: An Edition with Introduction*, Diss. Boulder (Colorado), 1956.

————, "The Manuscript Tradition of the *Vita et moribus philosophorum* of Walter Burlæy", *Medievalia et Humanistica*, 2 (1957), pp. 44-57.

Suchier, Walter, *L'Enfant sage (Das Gespräch des Kaisers Hadrian mit dem klugen Kinde Epitus). Die Erhaltenen Versionen Herausgegeben nach Quellen und Textgeschichte Untersucht*, Dresden, Gesellschaft für romanische Literatur, 24, 1910.

————, *Das mittellateinische Gespräch Adrian und Epictitus nebst verwandten Texten (Joca monachorum)*, Tübingen, Max Nimeyer Verlag, 1955.

Taylor, Barry, "Old Spanish Wisdom Texts: Some Relationships", *La Corónica*, 14 Nº 1 (1985), pp. 71-85.

Thompson, Stith, *Motif-Index of Folk-Literature*, Copenhague-Bloomington, Indiana, 1955-1958[2], 6 vols.

Tostado, el, véase Paz y Melia.

Tratado de la comunidad, véase Ramírez.

Uña Juárez, A., "La filosofía del siglo XV. Contexto cultural de Walter Burley", *El Escorial* (Biblioteca La Ciudad de Dios, 1/26), pp. 6-38.

Varnhagen, H., *Fiori e vita dei filosofi*, Erlangen, 1893.

Vernet, Juan, *La cultura hispanoárabe en Oriente y Occidente*, Barcelona, Ariel, 1978, pp. 263-264.

Vidmanová, Anežka, "De Burlei Vitarum codicis Bohemicis", *Eos*, 49 Nº 1 (1957-1958), pp. 171-181.

————, "La Formation de la seconde rédaction des *Vite philosophorum* et sa relation à l'oeuvre originale", *Medioevo. Rivista di Storia della Filosofia Medievale*, 16 (1990), pp. 253-272.

Walsh, John K., "Coloquio de la memoria, la voluntad y el entendimiento (Biblioteca Universitaria de Salamanca Ms. 1763)", conferencia leída en la Modern Language Association Convention, 1986 (abstract en *La Corónica*, 15 Nº 1 (1986), p. 84).

Wedler, R., *Walter Burleys 'Liber de vita et moribus philosophorum pœtarunque veterum' in zwei deutschen Bearbeitungen des Spätmittelalters*, Rodenbusch, Bamberg, 1969 (Diss. Heidelberg).

Welter, J. Th. (ed.), *Speculum laicorum. Edition d'une collection d'exempla composés en Angleterre à la fin du XIIIe siècle*, París, 1914.

Zapata y Torres, Miguel, "Algo sobre el *Libro del consejo e de los consejeros* y sus fuentes", en *Smith College Studies in Modern Languages*, 21 (1940), pp. 258-269.

Zarco Cuevas, Fr. Julián, *Catálogo de los manuscritos castellanos de la Real Biblioteca de El Escorial*, Madrid, 1924-1927, 3 vols.

VIDA DE SEGUNDO
(Versión de Vicente de Beauvais)

SIGLAS

h: Ms. Monasterio de El Escorial h.III.1
S: Ms. Biblioteca Universitaria de Salamanca 1763
M: Ms. Biblioteca Nacional de Madrid 9204
e: Ms. Monasterio de El Escorial e.III.10
B: Ms. Biblioteca Particular de Bartolomé March Servera 283
A: Impreso de la Biblioteca Nacional de Madrid I-187
T: Impreso de la Biblioteca Nacional de Madrid R-2544
V: Impreso de la Biblioteca Nacional de Madrid R-11851
PCG: *Primera crónica general*
SH: *Speculum historiale*

[fol. 145r] **Capitulo del filosofo q*ue* llamaua*n* Segundo, q*ue* era de Atenas**[1].

[E]ste[2] Segundo[3] fue en t*ien*po de Adriano[4], enperador de Roma, y fue muy[5] grant filosofo y nunca quiso fablar en toda su vida. Y[6] oyd[7] por qual rrazon.

Quando era nin*no*, enbiaronle[8] a las[9] escuelas[10] a leer[11], y duro [alla][12] mucho [tienpo][13] [fasta][14] q*ue* fue[15] muy grant maestro. Y oyo alla dezir q*ue* non avia en el mundo[16] muger casta. E desq*ue*[17] fue acabado[18]

---

[1] *M omite epígrafe.* Capitulo del Segundo filosofo que fue en Athenas *S*. Capitulo de las cosas que escrivio por respuestas el filosofo Segundo a las cosas que le pregunto el enperador Adriano *e*. Capitulo xxvi de los dichos del sabio Segundo e de las preguntas que le fizo el enperador Adriano *B*. Capitulo xxvii de los dichos e castigos de Segundo philosopho *ATV*.

[2] este *om. ATV*.

[3] tractado *S*.

[4] Segundo fue en [en *om. M*] Athenas sesudo en tienpo de Adriano *inv. MeBATV*. *La lectura de hS se ajusta más a su fuente* (Temporibus Adriani floruit Secundus philosophus, qui philosophatus est omni tempore silentium servans, et Pithagoricam vitam ducens *SH*, p.101. *Compárese PCG*, p. 146a: E en tiempo dest emperador fue Segundo, un muy gran philosopho, que fizo muchos buenos libros et nunqua quiso fablar en toda su uida. Et oyt por qual razon).

[5] muy *om. MeB*.

[6] y *om. ATV*.

[7] e ende *S*.

[8] lo *MeBATV*. (lo *PCG*, p. 146a: 16).

[9] las *om. S*. (a escuelas *PCG*, p. 146a: 16).

[10] al escuela *Me*.

[11] a leer *om. B*.

[12] aquello *h*. en ellas *S*. alla *MeBATV*. (alla *PCG*, p. 146a: 17).

[13] tienpo *om. h*. (tiempo *PCG*, p. 146a: 17).

[14] asy *ant. h*. (fasta que *PCG*, p. 146a: 17).

[15] llego a seer *ATV*.

[16] en el mundo *om. MeBATV*.

[17] despues *MeB*. despues que *ATV*.

en todo el[19] saber de la filosofia, tornose para[20] su t*ie*rra a[21] manera de pelegrino con su esclauina, y con su esportilla, y con su [blago][22], y los[23] cabellos de la cabeça muy[24] luengos y la barua muy grande[25]. E poso en su casa [misma][26] y no*n* lo[27] conosçio su madre ni*n*[28] ninguno[29] q*ue* y[30] fuese[31]. E quiso el[32] prouar lo q*ue* le dixero*n*[33] de las mugeres alla en las escuelas[34]. Y llamo[35] a vna de las syruientas[36] de casa, y prometiole[37] q*ue*

---

[18] alabado *Me.*

[19] el *om. V.*

[20] a *SMeBATV.* (pora *PCG,* p. 146a: 21). *Pese a que **h** presenta una lectura singular con respecto a toda la tradición, su coincidencia con **PCG** nos impulsa a conservar su lectura. Compárese nota 93.*

[21] en *MeBATV.*

[22] blagon *h.* blao *S.* baculo *TV.* (blago *PCG,* p. 146a: 22).

[23] todos *ant. Me.*

[24] muy *om. S.*

[25] luenga *SATV.* (grand *PCG,* p. 146a: 24).

[26] misma *om. h.* (su casa misma *PCG,* p. 146a: 24. Hospitatus est autem in domo propria *SH,* p. 101).

[27] le *MeB.*

[28] su madre nin *om. MeBATV.*

[29] persona *S.*

[30] ende *M.* ay *eB.* hay *T.*

[31] *A partir de aquí y hasta la octava línea de la primera columna, donde dice "que yazeria con ella", T presenta una laguna por rotura de folio que abarca casi la totalidad de la columna.*

[32] el *om. S.* el quiso *inv. ATV.*

[33] deixeran *SM.* dixieran *e.*

[34] lo de las mugeres que le dixeran en las escuelas *inv. S.* en las escuelas de las mugeres *inv. MeB.* dixeron en la castidad de las mugeres *AV.* (en escuelas de las mugieres *PCG,* p. 146a: 27. Volensque probare de mulieribus, si verum esset quod audiverat *SH,* p. 101).

[35] el *add. A.* (ell *add. PCG,* p. 146a: 27).

[36] siruientes *S.*

[37] le *om. SMeB.*

le darie[38] diez[39] libras de oro[40] sy[41] guisase[42] como[43] [yuguiesse][44] su madre con el[45]. E la syruienta[46] tanto fizo[47] q*ue* lo[48] otorgo la madre, y mandole[49] q*ue* gelo lleuase[50] de noche al lecho[51]. E la mançeba[52] fizolo asy. Y la duen*n*a, cuydando q*ue* yazerie[53] co*n* ella, metiole el[54] la cabeça entre las tetas y durmiose[55] çerca della[56] toda la noche, bien[57] como çerca de su madre. Y q*ua*ndo vino [la][58] man*n*ana, leuantose por[59] yr su via y ella[60]

---

[38] daria *SMeBAV.*

[39] .x. libras *S. Morrás ("Tratado de Segundo", p. 282) omite la cifra.*

[40] de oro *om. S.* (de oro *om. PCG,* p. 146a: 29). *Conservamos la lectura de* ***h*** *por tratarse la omisión de S y PCG de un error poligenético, según corrobora la versión de Vicente de Beauvais:* promittens ei x aureos *SH,* p. 101.

[41] e que *Me.* e *B.*

[42] tratasse *V.*

[43] guisase como *om. S.*

[44] durmiese *h.* (yoguiesse *PCG,* p. 146a: 29).

[45] con su madre *Me.*

[46] seruiente *M.*

[47] le *ant. MeB.*

[48] se *ant. V.*

[49] demando *Me.* mandole *om. AV.*

[50] leuassen *e.*

[51] al lecho *om. MeBAV.* (que gelo leuasse de noche al lecho *PCG,* p. 146a: 31-32).

[52] tanto fizo q*ue* lo otorgo la madre, y mandole q*ue* gelo lleuase de noche al lecho. E la mançeba *om. S.* mançebilla *Me.* moça *V.*

[53] que cayazeria *e.*

[54] el *om. SMeBV.* (metiole el *PCG,* p. 146a: 34).

[55] dormierase *S.* (durmiosse *PCG,* p. 146a: 34).

[56] çerca della *om. S.* (cerca della *PCG,* p. 146a: 35).

[57] asy *add. S.* (bien cuemo *PCG,* p. 146a: 35).

[58] en *ant. h.* (uino la *PCG,* p. 146a: 36).

[59] para *MeBATV.* (por *PCG,* 146a: 37).

[60] y ella *om. MeB.*

trauo[61] dél y dixole[62]: ¿Como, por me prouar[63] feziste aquesto[64]? Y el rrespondio[65] y dixo[66]: No*n*, madre sen*n*ora, mas[67] no*n* es derecho[68] que yo[69] ensuzie[70] el vaso por[71] donde[72] salli [*sic*]. E ella preguntole q*uie*n[73] era. Y el[74] rrespondio[75]: Yo so [Segundo][76], tu fijo[77]. Y ella, [desque][78] lo oyo, començo a[79] pensar y[80] no*n* pudo sofrir su [gra*n*de confondimiento][81] y cayo en t*ie*rra muerta. E Segundo[82], quando vio[83] q*ue* por la[84] su

---

[61] tomo *S*. (trauo *PCG*, p. 146a: 37. Illa apprehendens eum *SH*, p. 101).

[62] le *om. MATV*. (dixol *PCG*, p. 146a: 37).

[63] me *om. MeB*. prouarme *ATV*. (me prouar *PCG*, p. 146a: 38).

[64] esto *SMeBATV*. (aquesto *PCG*, p. 146a: 38).

[65] y el rrespondio *om. SMeBATV*. (y el dixol *PCG*, p. 146a: 38-39).

[66] el *add. V*.

[67] ca *ATV*. (mas *PCG*, p. 146a: 39).

[68] rrazon *MeBTV*.

[69] yo *om. MeB*.

[70] ensuziasse *S*. (ensuzie *PCG*, p. 146a: 40).

[71] por *om. S*. (por *om. PCG*, p. 146a: 40). *La coincidencia de h con el resto de la tradición nos hace pensar en un error poligenético de S y PCG.*

[72] do *ATV*.

[73] que *ant. Me*.

[74] el *om. Me*.

[75] le dixo *S*. dixo *MeATV*. (respondiol *PCG*, p. 146a: 41).

[76] Segundo *om. h*. (Yo so Segundo, el to fijo *PCG*, p. 146a: 41-42. Ego sum Secundus filius tuus *SH*, p. 101).

[77] E ella preguntole q*uie*n era. Y el rrespondio: Yo so tu fijo *om. B*.

[78] como *h*. deque *S*. desque *ATV*. quando *MeB*. (que lo oyo *PCG*, 146a: 42).

[79] de *B*.

[80] tanto que *B*.

[81] confondimiento grande *inv. h*. el su grande [grand *AT*] confundimiento *SAT*. el su gran confusion *V*. el grande confondimiento *M*. el grant [grand *B*] confondimiento en que cayo *eB*. (el su grand confondimiento *PCG*, p. 146a: 43. Non ferens confusionem *SH*, p. 101).

[82] Segundo *om. S*. (E Segundo *PCG*, p. 146a: 44).

[83] el vio *S*. vido Segundo *inv. ATV*.

palabra[85] muriera su madre, diose[86] pena[87] el[88] a[89] sy mesmo, y puso[90] en su coraçon de nunca fablar jamas[91] en toda su vida. Y fuese[92] para[93] Atenas, a las escuelas. Y el[94] biuiendo alli[95] y faziendo buenos[96] libros y nunca fablando, fue[97] el enperador Adriano [fol. 145v] a[98] Atenas, y sopo de su fazienda[99], y enbio por el, y fizole[100] venir ante sy[101], y saludolo el enperador. Y Segundo[102] callo y non[103] le[104] *quiso* fablar ninguna cosa[105]. E Adriano[106] dixole[107]: Fabla, filosofo, y aprenderemos algo[108] de ty[109].

---

[84] la *om. ATV.*

[85] fabla *S.* que vio que por su fabla *Me.* que vio que por su palabra *B.* (fabla *PCG*, p. 146a: 45).

[86] diole *TV.*

[87] de pena *e.*

[88] el *om. MeBATV.* (el *PCG*, p. 146a: 46).

[89] por *SMeBATV.* (por *PCG*, p. 146a: 46).

[90] penso *MeB.* propuso *ATV.* (et puso en su coraçon *PCG*, p. 146a: 46).

[91] jamas fablar *inv. ATV.* (iamas fablar *PCG*, p. 146a: 47).

[92] fue *eV.*

[93] a *ATV.* (pora Athenas *PCG*, p. 146a: 48).

[94] el *om. MeB.*

[95] ally *om. MeB.*

[96] muy *ant. V.*

[97] ay *add. S.* (fue ell *PCG*, p. 146a: 49).

[98] en *S.* (a Athenas *PCG*, p. 146a: 51).

[99] manera *V.*

[100] lo *SAT.* (lo *PCG*, p. 146a: 52).

[101] y fizole venir ante sy *om. MeB.*

[102] el *S.* Segundo *om. MeB.* (Segundo *PCG*, p. 146a: 53).

[103] nunca *V.*

[104] le *om. ATV.*

[105] en ninguna manera *S.* (ninguna cosa *PCG*, p. 146a: 54).

[106] el enperador Adriano *MeB.* el enperador *ATV.*

[107] le *om. SMeBATV.* (dixol *PCG*, p. 146a: 54).

Mas[110] por que Segundo[111] non quiso fablar, mando[112] llamar[113] vno[114] de sus guardas[115] que avie[116] nonbre Tripon[117], y dixole[118]: Aqueste que non quiere fablar al[119] enperador[120] non queremos[121] que biua. Lieualo contigo y dale muchas penas fasta que muera. E en[122] diziendo esto[123], llamo[124] aparte a la guarda[125], y dixole[126]: Vele consejando[127] por el camino que[128] fable y [non][129] quiera morir. Y sy[130] vieres[131] que te cree y te

---

[108] algo *om. ATV.* (aprendremos algo *PCG,* p. 146a: 55. A te aliquid addiscamus *SH,* p. 101).

[109] nos *add. AT.*

[110] e *ATV.*

[111] Segundo *om. S.* (por que Segundo *PCG,* p. 146a: 56).

[112] embio *V.*

[113] a *add. SM.* (llamar uno *PCG,* p. 146b: 1).

[114] vna *S.*

[115] de los [sus *add. B.*] grandes cavalleros *MeB.*

[116] auia *SMeBATV.*

[117] Terpon *S.* Gripo *Me.* Tripo *B.* Tirpon *ATV.* (Tirpon *PCG,* p. 146b: 2).

[118] le *om. ATV.*

[119] e *ant. M.*

[120] dixo el enperador *S.*

[121] queramos *ATV.*

[122] en *om. MeB.*

[123] aquesto *ATV.*

[124] le *add. M.* lo *add. eB.*

[125] a la guarda *om. MeB.* la guarda aparte *inv. ATV.*

[126] y dixole *om. e.*

[127] siempre *add. V.*

[128] e *e.*

[129] que *ant. h.* (et no quiera *PCG,* p. 146b: 7).

[130] sy *om. e.*

[131] vees *S.* (uieres *PCG,* p. 146b: 7).

rrespondiere[132], descabeçalo luego. Y sy te no*n*[133] quisiere[134] fablar por miedo de muerte[135], tornalo a mi. E [leuolo][136] estonçes la guarda[137] onde[138] tormentaua*n* los onbres[139] y dixole: Segundo[140], ¿por q*ue* q*ui*eres morir[141] por callar[142] y no*n* quieres fablar por[143] beuir[144]? Y el filosofo no*n* tomo[145] en nada su[146] consejo y despreçiando[147] la vida esperaua[148] callando la muerte. E desque[149] llegaro*n* al logar donde[150] avian de yr[151], dixole[152] la guarda[153]: Tiende la çeruiz. Y el[154] tendiola, y no*n* quiso

---

[132] que te rrespondiere e que te cree *inv. Me.* rresponde *BATV.*

[133] non te *inv. SMeBATV.* (te non *PCG,* p. 146b: 9).

[134] quiere *MB.* quiere luego *e.*

[135] la *ant. MeB.* por ninguna cosa que le dixeres *om. V.*

[136] leuantose *h.* (leuolo *PCG,* p. 146b: 10. Ducebatur autem Secundus *SH,* p. 102).

[137] la guarda *om. B.*

[138] al logar do *ATV.* (a logar o *PCG,* p. 146b: 11).

[139] e leuantose estonçes la guarda onde tormentaua*n* los onbres *om. Me.*

[140] Segundo *om. ATV.*

[141] morras *MeB.* mueres *ATV.*

[142] por que mueres por tollerte la fabla *S.*

[143] e *MeB.*

[144] por beuir *om. S.* (O Secunde, quare tacens morieris? Loquere et vives *SH,* p. 102). *PCG (p. 146b: 12) coincide con la rama de β:* Segundo, porque morras por callar et non quieres fablar et ueuir.

[145] touo *MeBAT.* se le dio *V.* (touo *PCG,* p. 146b: 14).

[146] el *ATV.*

[147] desperdiçiando *S.*

[148] apartaua *Me.*

[149] despues *ATV.*

[150] do *ATV.*

[151] donde avian de yr *om. S.*

[152] conosçio e *ant. S.* le *om. MeBATV.*

[153] la guarda *om. M.*

[154] el *om. MeB.*

fablar[155]. Y quando la guarda vio aquello[156], tomolo por[157] la mano y lleuolo al[158] enperador, y dixole[159] q*ue*[160] fasta la muert*e* syenpr*e* callara[161] Segundo[162]. E estonçes Adriano marauillose mucho[163] de[164] como se podie[165] tener el filosofo de fablar[166] ta*n* porfiosa mente. E, por ende[167], dixole[168]: Por q*ue* esta[169] ley de no*n* fablar q*ue* tu mesmo has puesta[170] non[171] puede ser quebrantada, toma esta tabla y escriue[172] [en ella][173]; y sy al no*n*[174], fabla[175] co*n*[176] la mano. Tomo, estonçes[177], Segundo la tabla[178]

---

155 y no*n* quiso fablar *om. MeB.*

156 aquello vio *inv. S.* (uio aquello *PCG,* p. 146b: 18).

157 de *S.* (por *PCG,* p. 146b: 19).

158 antel *S.* (all *PCG,* p. 146b: 19).

159 le *om. MeBATV.*

160 que *om. SMeB.* (que fasta la muerte *PCG,* p. 146b: 20).

161 callo *SMeBATV.* (callara *PCG,* p. 146b: 20).

162 Segundo *om. e.*

163 marauillose mucho Adriano *inv. S.* estonce marauillose el emperador Adriano *V.*

164 e *M.* de *om. V.*

165 podrie *S.* podia *MeB.* pudo *ATV.* (podie *PCG,* p. 146b: 22).

166 non *ant. V.*

167 Gripo *add. Me.* Tripol *add. B.*

168 le *om. SMeB.* (dixol *PCG,* p. 146b: 23).

169 es la *MeB.* es *ant. ATV.* (esta ley *PCG,* p. 146b: 24. Quia lex ista *SH,* p. 102).

170 por ty mesmo es puesta *S.* que tu mesmo has puesta *om. MeB.* te has puesto *ATV.* (que te tu mismo as puesto *PCG,* p. 146b: 24. Quia lex ista silentii, quam tibi ipse proposuisti *SH,* p. 102).

171 nin *M.*

172 escriueme *Me.*

173 en ella *om. h.* (escribe en ella *PCG,* p. 146b: 26).

174 sinon *S.* e aqui no *Me.* e sy mas que non *B.* pues al non puede ser e *ATV.*

175 fablar as *ATV.*

176 por *MeB.*

177 estonçes *om. S.*

y escriuio[179] desta[180] guisa: Adriano, non te[181] temo yo[182] nada[183] por *que* me semejas[184] prinçipe [daqueste][185] *tien*po. Bien me puedes tu matar[186], mas de oyr la[187] mi boz[188] non as poder en ninguna guisa[189]. E tomo Adriano[190] la tabla[191] y leyo[192] esto. Y dixole[193]: Asaz te has bien[194] escusado. Mas[195] q*ui*erote fazer vnas[196] demandas por tal q*ue* me rrespondas a ellas.

[1] Y la p*ri*mera es q*ue* me[197] digas[198] q*ue* cosa es el mundo. Y el filosofo[199] [escriuio][200]: [fol. 146r] El mundo es çerco q*ue* nunca[201]

---

178 la tabla *om. SeB.*

179 en ella *add. MeB.*

180 en esta *SeB.* esta *M.*

181 te *om. ATV.*

182 yo non te temo *inv. MeB.*

183 toue yo en nada *S.*

184 te veo ser *V.*

185 dest*e* *h.* (daqueste *PCG,* p. 146b: 30).

186 matar bien me puedes *inv. SAT.* bien puedes matarme *Me.* matarme bien me puedes *B.* bien me puedes matar *V.* (matar bien me puedes *PCG,* p. 146b: 30. Me quidem occidere potes *SH,* p. 102).

187 la *om. SMeB.*

188 palabra *ATV.* (palabra *PCG,* p. 146b: 31. Sed vocis mee *SH,* p. 102).

189 non podras por ninguna guisa *ATV.*

190 el emperador *V.*

191 la tabla *om. MeB.*

192 lee *e.* leo *BAT.*

193 le *om. SMe.*

194 esto y dixole asaz te has bien *om. B.* bien *om. eATV.*

195 bien escusado mas *om. M.*

196 mas *MeB.*

197 me *om. S.*

198 es q*ue* me digas *om. MeB.*

199 Segundo *V.*

queda[202] y[203] cobertura[204] fermosa de catar[205], formamiento q*ue* ha en sy muchas formas.

[2] ¿Q*ue* es el grande mar[206]? dixo Adriano[207]. Escriuio Segundo[208]: Çerco[209] del mundo[210], termino[211] coronado, posada de los rrios[212], fuente de las lluuias.

[3] E dixo el enperador: ¿Q*ue* es Dios[213]? [Voluntad][214] q*ue* nunca ha de morir, altesa q*ue* non[215] puede ser asmada[216], [forma que ha en sy muchas formas, demanda que non puede ser asmada][217], ojo q*ue* nunca duerme, poder q*ue* tiene en sy todas las cosas, luz y buena

---

[200] rrespondio *h.* (escriuio *PCG,* p. 146b: 36. Ille rescripsit *SH,* p. 102).

[201] q*ue* nunca *om. S.*

[202] para *V.*

[203] que nunca queda y *om. MeB.*

[204] de cobertura *MeB.*

[205] acatar *Me.* mirar *V.*

[206] amor *S.* amar *Me.* (mar *PCG,* p. 146b: 39).

[207] e dixo Adriano que cosa *inv. MeBATV.*

[208] el filosofo *AT.* Segundo *om. V.*

[209] es *ant. eB.*

[210] çerco del mundo *om. V.*

[211] dygno *S.*

[212] rricos *Me.*

[213] que es Dios dixo el enperador *inv. S.* Segundo escriuio *add.* ***SB.*** escriuio Segundo *add. M.* dixo Segundo *add.* ***e.*** escriuio *add. ATV.* (¿Que es Dios?, dixo ell emperador *PCG,* p. 146b: 42-43).

[214] es *ant.* ***h.*** *Se trata de una adición de copista con el fin de explanar el sentido de la frase. Lo común en las respuestas es que el verbo incial esté omitido.* (Voluntad que nunqua *PCG,* p. 146b: 43. Inmortalis mens *SH,* p. 102).

[215] nunca *S.* (no *PCG,* p. 146b: 44).

[216] despreçiada *ATV.*

[217] forma que ha en sy muchas formas demanda que non puede ser asmada *om. hMeB.* pensada *V. Enmendamos con ayuda de ATV.* (alteza que no puede seer despreçiada, forma que a en si muchas formas, demanda que no puede seer asmada *PCG,* p. 146b: 44-47. Forma multiformis, incogitabilis inquisitio *SH,* p. 102).

cosa[218].

[4] ¿*Que*[219] es el sol? Ojo del çielo, [çerco][220] de la calentura[221], claridad q*ue* nunca decae[222], onrra[223] del dia, departidor[224] de las oras.

[5] ¿*Que* es la luna? Porpola[225] del çielo, enbidiosa[226] del sol, enemiga[227] de los malfechores, conorte de los q*ue* andan camino, enderesçamiento[228] de los q*ue* andan sobre la[229] mar, sen*n*al[230] de las fiestas[231], demostramiento de las tempestades.

[6] E ¿q*ue* es la tierra? Fundamento[232] del çielo, yema[233] del mundo, guarda y madre de los frutos[234], cobertura del ynfierno, madre[235] de los q*ue* nasçen, ama de los q*ue* biue*n*, destruymiento[236] de todas

---

[218] luz que no ha fin *ATV*. (luz que non a fin *PCG*, p. 146b: 48. Lux bonorum *SH*, p. 102).

[219] e dixo *ant. ATV*.

[220] çerca *h*. (çerco *PCG*, p. 146b: 49. Caloris circuitus *SH*, p. 102).

[221] del calor *V*.

[222] duerme *S*. (decae *PCG*, p. 146b: 50. Splendor sine occasu *SH*, p. 102).

[223] encierro *S*. entierra *MB*. que nunca decae onrra *om. e*. (onra del dia *PCG*, p. 146b: 50-51. Diei ornatus *SH*, p. 102).

[224] partidor *Me*. departimiento *ATV*.

[225] *S deja el espacio en blanco para colocar la palabra.* purpura *MeBATV*.

[226] enbidioso *S*.

[227] enamigo *S*. enemistad *eB*. (enemiga *PCG*, p. 146b: 53. Malefactorum inimica *SH*, p. 102).

[228] *Aquí finaliza S*.

[229] la *om. MeBATV*.

[230] senal *e*.

[231] siestas *T*.

[232] fundamiento *MeBATV*.

[233] ymagen *MeB*. (yema del mundo *PCG*, p. 147b: 3. Meditullium mundi *SH*, p. 102).

[234] furtos *M*.

[235] cobertura del ynfierno madre *om. MeB*.

[236] destenimiento *M*.

las[237] cosas, çillero[238] de vida.

[7] ¿Q*ue* es el[239] onbre? Voluntad encarnada, fantasma[240] del t*ien*po, asechador de la vida, collaçio*n*[241] de la muerte, andador de[242] camino, huesped del[243] logar, alma[244] lazrada[245], morador del mal t*ien*po.

[8] ¿Q*ue* es la[246] fermosura? Flor seca[247], bien andança[248] carnal, cobdiçia de las gentes.

[9] ¿Q*ue* es la muger? Confondimiento del[249] onbre, bestia q*ue* nu*n*ca[250] se farta, cuydado q*ue* no*n*[251] ha[252] fin[253], guerra q*ue* nunca[254] queda, peligro del onbre q*ue* non[255] ha[256] en sy mesura.

[10] ¿Q*ue*[257] es amigo? Nonbre[258] muy deseado, onbre q*ue* aduro paresçe,

---

237 las *om. AT.*

238 çielo *MeB.*

239 el *om. MeB.*

240 pantasma *M.*

241 sello *Me.*

242 del *MeB.*

243 de *ATV.*

244 anima *ATV.*

245 lazerada *MATV.*

246 la *om. ATV.*

247 fortaleza *MeB.*

248 andançia *Me.*

249 de *T.*

250 jamas *add. V.*

251 nunca *ATV.*

252 tiene *V.*

253 que fuye *Me.* que no fuye *B.*

254 non *MeB.*

255 nunca *ATV.*

256 tiene *V.*

257 cosa *add. V.*

conorte de la[259] mala andança, bien andança *que* nunca[260] fallesçe[261].
[11] ¿Que so*n* rriq*uezas*[262]? Carga[263] de oro, syruientes[264] de cuydados, deleyte syn[265] alegria, ynbidia *que* nunca se farta, deseo *que* no*n*[266] puede ser conplido, boca alta[267], cobdiçia *que* non ha par[268].
[12] ¿Que es pobreza[269]? Bien aborresçido[270], madre de salud, alongamie*n*to de cuydado[271], cobro de saber, menester syn[272] dan*n*o, heredad sy*n* [fol. 146v] calon*n*a[273], bien andança syn cuydado[274].
[13] ¿*Que* es vejedad[275]? Mal cobdiçiado, muerte de los biuos, enfermedad sana[276], muerte[277] con fuelgo.
[14] ¿*Que* es el[278] suen*n*o? Ymagen de[279] muerte[280], folgura de trabajos,

---

[258] omne *A*. hombre *TV*. (nombre *PCG*, p. 147a: 17. Desiderabile nomen *SH*, p. 103).

[259] la *om. MeB*.

[260] jamas *add. V*.

[261] bien andança que nunca fallesçe *om. Me*.

[262] las *ant. V*.

[263] cargas *M*.

[264] feruiente *A*. seruiente *TV*.

[265] ninguna *add. V*.

[266] nunca *MeB*.

[267] muy *ant. V*.

[268] nunca tiene ygual *V*.

[269] la *ant. V*.

[270] que es *ant. V*.

[271] cuydados *MeBATV*.

[272] menester syn *om. ATV*.

[273] caloina *M*. calomia *eB*. calunna *V*.

[274] ningun *ant. V*.

[275] vegez *B*.

[276] enfermedad sana *om. MeB*. sana *om. ATV*.

[277] sanidad *MeB*.

[278] el *om. MeB*.

[279] la *add. MeB*.

cobdiçia de los enfermos, deseo de los mezq*ui*nos.

[15] ¿Q*ue* es la vida? Alegria de los bien aventurados, tristeza de los mezq*ui*nos, esperança de muerte.

[16] ¿Q*ue* es la muerte[281]? Suen*n*o q*ue* dura por[282] syenpre[283], miedo de los rricos[284], deseo de los pobres[285], avenimiento[286] q*ue* non puede ser escusado[287], ladron del onbre, fuymiento[288] de la vida, desatamiento[289] de todas las cosas.

[17] ¿Q*ue* es palabra[290]? Traydor[291] de[292] coraçon.

[18] ¿Q*ue* es el cuerpo? Posada del alma[293].

[19] ¿Q*ue* es la barua? Departimiento de[294] macho[295] a[296] fenbra[297].

[20] ¿Q*ue* es el[298] meollo? Guarda de la memoria.

[21] ¿Q*ue* es la fruente[299]? Ymagen del coraçon.

---

[280] muerto *ATV*. (muerte *PCG*, p. 147a: 31).

[281] que es la muerte *om. MeB*.

[282] para *V*.

[283] jamas *V*.

[284] que son *ant. V*.

[285] que son *ant. V*.

[286] inibimiento *ATV*. (auenimiento *PCG*, p. 147a: 37. Inevitabilis eventus *SH*, p. 103).

[287] se puede escusar *ATV*. (non puede seer escusado *PCG*, p. 147a: 37).

[288] fenchimiento *ATV*. que no puede ser escusado *add. MeB*.

[289] esperança *MeB*.

[290] la *ant. MeBATV*.

[291] traydora *M*. trayda *eB*. manifiestadora *V*.

[292] del *V*.

[293] anima *ATV*.

[294] del *M*.

[295] hombre *V*.

[296] y mas de la *M*. mas delo de *e*. e de *BATV*. *A partir de aquí, se halla una nueva laguna material de T hasta donde dice "e rresçebimiento de alegria", Nº 26.*

[297] muger *V*.

[298] el *om. eB*.

[299] frente *eAV*.

[22] ¿*Que* son los ojos? Guiadores[300] del cuerpo, vasos de la[301] lunbre[302], juezes[303] del coraçon[304].
[23] ¿*Que* es el coraçon[305]? Rresçebimiento de la vida.
[24] ¿*Que* es la molilla[306]? G*u*arda de la calentura[307].
[25] ¿*Que* es la fiel? Mouimiento de la[308] san*n*a.
[26] ¿*Que*[309] es el baço[310]? Rrisso[311] y rresçebimiento de[312] alegria.
[27] ¿*Que* es el estomago? Cozimiento[313] de los manjares.
[28] ¿*Que*[314] son los huesos? Fuerça del[315] cuerpo[316].
[29] ¿*Que* son los pies? Çimiento[317] mouedizo[318].
[30] ¿*Que* es el [viento][319]? Ayre [toruado][320], mouimiento de las aguas,

---

[300] guardadores *MeB*.

[301] la *om. MeBAV.*

[302] lunbres *MeB*.

[303] e luz *B*.

[304] juezes del coraçon *om. Me*.

[305] que es el coraçon *om. B*.

[306] molleja *MeB*. mollera *A*.

[307] que es la molilla guarda de la calentura *om. V*.

[308] la *om. MeB*.

[309] cosa *add. V*.

[310] baco *M*.

[311] rrisa *MeB*. assiento de la risa *V*.

[312] la *add. V*.

[313] cozinero *Me*. cozinon *B*.

[314] cosa *add. V*.

[315] que ay en el *V*.

[316] omne *Me*.

[317] camino *M*.

[318] que es *ant. V*.

[319] vientre *h*. (uiento *PCG*, p. 147b: 1. Quid est ventus *SH*, p. 103).

[320] tornado *h*. corruto *M*. (toruado *PCG*, p. 147b: 1. Aëris perturbatio *SH*, p. 103).

sequedad[321] de la tierra.

[31] ¿Que son los rrios[322]? Cosa que non fallesçe, rrecaymiento[323] del sol, rriego[324] de la tierra[325].

[32] ¿Que es amor[326]? Ygualdad[327] de coraçones.

[33] ¿Que es fe[328]? Marauillosa çertedunbre[329] de la cosa non[330] conosçida.

[34] ¿Que[331] es la cosa que non[332] dexa a[333] onbre cansar[334]? La ganançia.

E todas estas[335] cosas pregunto el enperador Adriano[336] a Segundo, el filosofo. Y el[337] rrespondiole[338] a ellas[339] escriuiendo las rrespuestas en la[340] tabla[341].

---

321 ssanidad *MeB*.

322 que son los rrios *om. MeB*.

323 rretraymiento *MeB*. (recreamiento *PCG*, p. 147b: 3. Refectio solis *SH*, p. 103).

324 del sol rriego *om. B*.

325 que son los rrios cosa que non fallesçe rrecaymiento del sol rriego de la tierra *om. ATV*. rriego de la tierra *om. Me*.

326 el *ant. MeBA*.

327 ygual *M*. ygualad *e*. egualdad *A*.

328 la *ant. MeB*.

329 creençia *MeB*.

330 que non es *MeB*.

331 qual *MeBV*. (qual *PCG*, p. 147b: 7). *En SH (p. 103) el encabezado de esta pregunta no se diferencia al de las restantes: "quid est".*

332 nunca *V*.

333 al *B*.

334 non es a dexar al omne gozar *M*. non es a dexar al omne *e*.

335 aquestas *V*.

336 Adriano emperador de Rroma *V*.

337 philosopho *add. V*.

338 rraspondiole *M*. respondio al emperador *V*.

339 muy bien *add. ATV*.

340 e rrespondio las rrespuestas scritas en *M*. escriuio la respuesta escripta en *e*. la rrespuesta en *B*. en la *om. AT*. deyuso escriptas en vna *V*.

[341] finis *add. e.* el libro es acabado Dios sea loado *add. B.* Deo gracias *add. A.* Deo gracias/ fue impressa la presente obra en la muy noble cibdad de toledo a onze dias del mes de diziembre de mill e quinientos e diez annos *add. T.* fue impressa la presente obra en la muy noble villa de valladolid en el monesterio de nuestra sennora de prado: por micer lazaro saluago ginoues. Acabose a veynte y tres dias del mes de diziembre. Anno de .M. D. xxvii. annos *add. V.*

COMENTARIOS

Historia-marco. Para la "historia-marco" remitimos al punto 8 de la "Introducción" y a las páginas 62 a 65 de mi *Epicteto.*

[1] Quid sit mundus, ut ad hec michi respondas. Iterum autem Secundus rescripsit: Mundus est, o Adriane, constitutio celi et terre et omnium que in eis sunt, de quibus paulo post disseram, si his que decentur [*sic*] diligenter intenderis; mundus est incessabilis circuitus, spectabilis supellex, per se genitum theorema, multiformis formatio, eternus tenor, circuitus sine errore, solis lumen, dies, nox, astra, tenebre, terra, aër, aqua *WM* Nº 1; Quid est mundus? Ille rescripsit: Mundus est incessabilis circuitus, spectabilis supellex, multiformis formatio, eternus tenor, circuitus sine errore *SH* Nº 1.

[2] Quid est oceanus? Mundi amplexus, terminus coronatus, vinculum athlanticum, universe nature circumcursus, orbis sustentaculum, audacia vie, limes terre, divisio regnorum, hospitium floviorum, fons imbrium, refugium in periculis, gratia in voluptatibus *WM* Nº 2; Quid es oceanus? Mundi amplexus, terminus coartatus [coronatus], hospitium fluviorum, fons imbrium *SH* Nº 2.

[3] H. Quid est Deus? E. Qui omnia tenet *AHE* Nº 60; Quid est Deus? Immortalis mens, incontemplabilis celsitudo, forma multiformis, multiplex spiritus, incogitabilis inquisitio, insopitus oculus, omnia continens, lux, bonum *WM* Nº 3; Quid est Deus? Immortalis mens, incontemplabilis celsitudo, forma multiformis, incogitabilis inquisitio, insopitus oculus, omnia continens, lux bonorum *SH* Nº 3. Compárese comentario en *Epicteto,* Versión A Nº 9.

[4] P. Quid est sol? A. Splendor orbis, cæli pulchritudo, naturæ gratia, honor diei, horarum distributor *DPA* Nº 50; H. Quid est sol? E. Splendor orbis; qui tollit et ponit diem; per quem scire nobis cursum horarum datur *AHE* Nº 40; Quid sol? Celi oculus, noctis concertator, caloris circuitus, indeficiens flamma, splendor sine occasu, celestis viator, diei ornatus, celi pulcritudo, nature gratia, horarum distributor *WM* Nº 5; Quid est sol? Celi oculus, caloris circuitus, splendor sine occasu, diei ornatus, horarum distributor *SH* Nº 4; Adr. dixit: Quid est sol? Epictibus respondit: Splendor diei et vita est omnium *AE1* Nº 9; Quid est sol? Splendor diei *AE2* Nº 51. Compárese comentario en *Epicteto,* Versión A Nº 78.

[5] P. Quid est luna? A. Oculus noctis, roris larga, præsaga [*sic*] tempestatum *DPA* Nº 51; H. Quid est luna? E. Dies adultor, noctis oculus, fax tenebrarum *AHE* Nº 41; Quid luna? Celi purpura, solis emula, malefactorum inimia, itinerantium solamen, navigantium directio, signum sollempnitatum, recirculatio mensium, oculus noctis, larga roris, presagium tempestatum *WM* Nº 6; Quid est luna? Celi purpura, solis emula, malefactorum inimica, solamen iter agentium, directio navigantium, signum solemnitatum, larga roris, præsagium tempestatum *SH* Nº 5; Adr. dixit: Quid est luna? Epictibus respondit: Splendor in tenebris, doctrina malorum *AE1* Nº 10; Quid est luna? Splendor in tenebris, doctrina malorum *AE2* Nº 54. Compárese comentario en *Epicteto,* Versión A Nº 80.

[6] P. Quid est terra? A. Mater crescentium, nutrix viventium, cellarium vitæ, devoratrix omnium *DPA* Nº 56; H. Quid est terra? E. Horreum Cereris *AHE* Nº 46; H. Quid est terra? E. Cellarium vite *AHE* Nº 47; Quid terra? Celi basis, mundi meditullium, gynnasium vite, fructum custos et mater, operculum inferni, devoratrix omnium, mater nascentium, nutrix viventium, cellarium vite *WM* Nº 7; Quid est terra? Basis celi, meditullium mundi, fructuum custos et mater, operculum inferni, mater nascentium, nutrix viventium, devoratrix omnium, cellarium vite *SH* Nº 6; Adr. dixit: Quid est terra? Epictibus respondit: Caelaria vite *AE1* Nº 13. Compárese comentario en *Epicteto,* Versión A Nº 15.

[7] P. Quid est homo? A. Mancipium mortis, transiens viator, loci hospes *DPA* Nº 8; P. Quid est homo? A. Pomo *DPA* Nº 9; P. Quomodo positus est homo? A. Ut lucerna in vento *DPA* Nº 10; H. Quid est homo? E. Balneo similis; prima cella tepidaria unctaria, infans natus perungetur; secunda cella sudatoria pueritia est; tertia cella assa perferentia iuventus; quarta cella appropiat senectus frigidaria, omnibus equat sententiam *AHE* Nº 32; H. Quid est homo? E. Pomo similis: Poma ut in arboribus pendent, sic sunt et corpora nostra; ut matura cadunt, aut si cito acerba ruunt *AHE* Nº 33; H. Quid est homo? E. Sicut lucerna in vento posita *AHE* Nº 34; H. Quid est homo? E. Loci hospes, legis imago, calamitatis fabula, mancipium mortis, vite mora; quo fortuna sepe suos ludos faciet *AHE* Nº 35; Quid homo? Mens incarnata, laboriosa anima, parvi temporis habitaculum, spiritus receptaculum, phantasma temporis, speculator vite, lucis desertor, vite consumptio, eternus mortuus, mancipium mortis, transiens viator, loci hospes *WM* Nº 8; Quid est

homo? Mens incarnata, fantasma temporis, speculator vite, mancipium mortis, transiens viator, loci hospes, anima laboriosa, parvi temporis habitaculum *SH* Nº 7; Adr. dixit: Quid est homo? Epictibus respondit: Sicut lucerna in vento posita *AE1* Nº 44; Quid est homo iuvenis? Lucerna posita *AE2* Nº 78. Compárese comentario en *Epicteto*, Versión A Nº 17.

[8] Quid pulcritudo? Naturalis captio, parvi temporis fortuna, flos marcidus, carnalis felicitas, incompositum negocium, humana concupiscentia *WM* Nº 10; Quid est pulcritudo? Flos marcidus, carnalis felicitas, humana concupiscentia *SH* Nº 8.

[9] Quid mulier? Hominis confusio, insaturabilis bestia, continua sollicitudo, indisinens pugna, cotidianum dampnum, domus tempestas, sollicitudinis impedimentum, viri incontinentis naufragium, adulterii vas, preciosum prelium, animal pessimum, pondus gravissimum, aspis insanabilis, humanum mancipium *WM* Nº 11; Quid est mulier? Hominis confusio, insaturabilis bestia, continua solicitudo, indesinens pugna, viri continentis naufragium, humanum mancipium *SH* Nº 9. *Adrianus et Epictitus* ofrece una pregunta que une las Nos. 8 y 9 de *Segundo*: Adr. dixit: Quid est mulier fermosa? Epictibus respondit: Sicut templum super fluvio edificatum *AE1* Nº 69; Quid est mulier fermosa? Cupiditas prava, incensio luxurie *AE2* Nº 84. Compárese comentario en *Epicteto*, Versión A Nos. 91 y 95.

[10] Quid amicus? Desiderabile nomen, homo vix apparens, non invenienda possessio, refugium infelicitatis, miserie respector, indeficiens quies, indesinens felicitas *WM* Nº 12; Quid es amicus? Desiderabile nomen, homo vix apparens, infelicitatis refugium, indesinens felicitas *SH* Nº 10.

[11] Quid divicie? Auri pondus, curarum minister, delectatio iniocunda, insatiabilis invidia, res desiderata, desiderium inexplebile, os excelsum, invisa concupiscentia *WM* Nº 16; Quid divitie? Auri pondus, curarum minister, delectatio iniocunda, insatiabilis invidia, desideratum inexplebile, os excelsum, invisa concupiscentia *SH* Nº 11.

[12] Quid paupertas? Odibile bonum, sanitatis mater, curarum remotio, absque sollicitudine semita, sapientie repertrix, negocium sine

dampno, intrectabilis substantia, possessio absque calumpnia, incerta fortuna, sine sollicitudine felicitas *WM* Nº 17; Quid est paupertas? Odibile bonum, sanitatis mater, curarum remotio, sapientie repertrix, negotium sine damno, possessio absque calumnia, sine solicitudine felicitas *SH* Nº 12.

[13] Quid senectus? Optatum malum, viventium mors, incolumis langor, spirans mors, Veneris expers, mors expectata, mors communis *WM* Nº 18; Quid senectus? Optatum malum, mors viventium, incolumis langor, spirans mors *SH* Nº 13. Compárese comentario en *Epicteto*, Versión C Nº 88.

[14] P. Quid est somnus? A. Mortis imago *DPA* Nº 17; H. Quid est somnus? E. Mortis imago *AHE* Nº 53; Quid sompnus? Mortis imago, laborum quies, medicorum experimentum, vigilantium sapientia, vinctorum solutio, infirmantium votum, miserorum desiderio, universi spiritus requies *WM* Nº 19; Quid somnus? Mortis imago, laborum quies, infirmantium votum, miserorum desiderium *SH* Nº 14; Adr. dixit: Quid est somnium? Epictibus respondit: Gaudium sine lucro, tristicia sine danno *AE1* Nº 48; Quid est somnus? Imago est tristicia, sine damno gaudium *AE2* Nº 80. Compárese comentario en *Epicteto*, Versión A Nº 18.

[15] P. Quid est vita? A. Beatorum lætitia, miserorum męstitia, expectatio mortis *DPA* Nº 6; Quid est vita? Beatorum leticia, miserorum mesticia, expectatio mortis *WM* Nº 20; Quid est vita? Bonorum leticia, miserorum mesticia, expectatio mortis *SH* Nº 15.

[16] P. Quid est mors? A. Inevitabilis eventus, incerta peregrinatio, lacrimæ viventium, testamenti firmamentum, latro hominis *DPA* Nº 7; H. Quid est mors? E. Perpetua securitas *AHE* Nº 23; H. Quid est mors? E. Timenda nonnullis, si sapiens legas, inimica vite, nomen animantium, metus parentum, liberorum preda, testamenti gratia, post obitum sermo, supreme lacrime, post memoriam oblivio, fax rogi, onus sepulti, titulus monumenti; mors omnium malorum finis est *AHE* Nº 24; Quid est mors? Eternus sompnus, dissolutio corporum, divitium pavor, pauperum desiderium, inevitabilis eventus, incerta peregrinatio, latro hominis, somni pater, fuga vite, resolutio omnium *WM* Nº 21; Quid mors? Eternus somnus, divitum pavor, pauperum desiderium, inevitabilis eventus, latro hominis, fuga vite, resolutio omnium *SH* Nº 16. Compárese comentario en

Epicteto, Versión A Nº 19.

[17] P. Quid est verbum? A. Proditor animi *DPA* Nº 3; Quid est verbum? Proditor animi *WM* Nº 23; Quid est verbum? Proditor animi *SH* Nº 17. Compárese comentario en *Epicteto,* Versión B Nº 36.

[18] P. Quid est corpus? A. Domicilium animę *DPA* Nº 20; Quid est corpus? Domicilium anime *WM* Nº 29; Quid est corpus? Domicilium anime *SH* Nº 18.

[19] P. Quid est barba? A. Sexus discretio, honor ætatis *DPA* Nº 22; Quid barba? Sexus discretio *WM* Nº 31; Quid est barba? Sexus discretio *SH* Nº 19.

[20] P. Quid est cerebrum? A. Servator memoriæ *DPA* Nº 23; Quid est cerebrum? Custos memorie *WM* Nº 32; Quid est cerebrum? Custos memorie *SH* Nº 20.

[21] P. Quid est frons? A. Imago animi *DPA* Nº 27; Quid est frons? Imago animi *WM* Nº 36; Quid est frons? Imago animi *SH* Nº 21.

[22] P. Quid sunt oculi? A. Duces corporis, vasa luminis, animi indices *DPA* Nº 24; Quid oculi? Duces corporis, vasa luminis, indices animi *WM* Nº 33; Quid oculi? Duces corporis, vasa luminis, indices animi *SH* Nº 22.

[23] P. Quid est cor? A. Receptaculum vitæ *DPA* Nº 35; Quid est cor? Receptaculum vite *WM* Nº 43; Quid est cor? Receptaculum vite *SH* Nº 23.

[24] P. Quid est iecur? A. Custodia caloris *DPA* Nº 36; Quid est iecur? Custodia caloris *WM* Nº 44; Quid est iecur? Custodia caloris *SH* Nº 24.

[25] P. Quid est fel? A. Suscitatio iracundię *DPA* Nº 37; Quid est fel? Suscitatio iracundie *WM* Nº 45; Quid fel? Suscitatio iracundie *SH* Nº 25.

[26] P. Quid est splenis? A. Risus et lætitiæ capax *DPA* Nº 38; Quid splen? Risus et leticie capax *WM* Nº 46; Quid splen? Risus et leticie

capax *SH* Nº 26.

[27] P. Quid est stomachus? A. Ciborum iracundię *DPA* Nº 39; Quid est stomacus? Ciborum cocus *WM* Nº 47; Quid stomachus? Ciborum cocus *SH* Nº 27.

[28] P. Quid est os? A. Nutritor corporis *DPA* Nº 28; Quid ossa? Robur corporis *WM* Nº 48; Quid ossa? Robor coeporis *SH* Nº 28.

[29] P. Quid sunt pedes? A. Mobile fundamentum *DPA* Nº 44; Quid pedes? Mobile fundamentum *WM* Nº 49; Quid pedes? Mobile fundamentum *SH* Nº 29.

[30] P. Quid est ventus? A. Aëris perturbatio, mobilitas aquarum, siccitas terrę *DPA* Nº 55; Quid est ventus? Aëris perturbatio, mobilitas aquarum, siccitas terre *WM* Nº 58; Quid est ventus? Aëris perturbatio, mobilitas aquarum, siccitas terre *SH* Nº 30.

[31] P. Quid sunt flumina? A. Cursus indeficiens, refectio solis, irrigatio terrę *DPA* Nº 58; Quid sunt flumina? Cursus indeficiens, refectio solis, irrigatio terre *WM* Nº 59; Quid sunt flumina? Cursus indeficientes, refectio solis, irrigatio terre *SH* Nº 31. Compárese *Epicteto*, Versión A Nº 77.

[32] P. Quid est amicitia? A. Aequalitas animorum *DPA* Nº 84; H. Quid est amicitia? E. Concordia *AHE* Nº 12; Quid est amicicia? Equalitas animorum *WM* Nº 70; Quid amicicia? Equalitas animorum *SH* Nº 32.

[33] P. Quid est fides? A. Ignotæ rei et mirandę certitudo *DPA* Nº 85; Quid fides? Ignote rei miranda certitudo *WM* Nº 71; Quid fides? Ignote rei miranda certitudo *SH* Nº 33.

[34] H. Qua ratione homo lassus non fit? E. Lucrum faciendo *AHE* Nº 11; Quid est quod hominem lassum fieri non sinit? Lucrum *WM* Nº 67; Quid est quod hominem lassum fieri non sinit? Lucrum *SH* Nº 34.

APÉNDICE DOCUMENTAL

Vida de Segundo
(versión de Walter Burley)

a) Versión castellana

Reproducimos la versión del manuscrito escurialense h.III.1 (**h**), que también utilizó H. Knust (1886) para su edición de la obra de Burley, puesto que conserva un texto con menos errores que los que presenta el manuscrito II/561 de la Biblioteca del Palacio Real, en Madrid (**P**), cuyas variantes colocamos a pie de página.

[fol. 69v]

Segundo

Segundo, filosofo, floreçio en Atenas en *tien*po del enperador Adriano, el qual filosofo guardando silençio todo el *tien*po de su vida y siguiendo la vida pitagorica.

E en aq*ue*l *tien*po q*ue* Segundo[1] era pequen*n*o fue enbiado de los sus progenitores a aprender. Y estando el[2] en las escuelas, fue muerto su padre. Y entre las otras cosas q*ue* en las escuelas oyo q*ue* se dezia[3]: Toda muger es fornicadora y non casta. E despues q*ue* por muchos an*n*os aprouecho en la filosofia, tornose en su t*ie*rra voluiendo con el abito y comu*n* costunbr*e* de los peregrina*n*tes, [fol. 70r] es a saber, con vn bordon y vna talega y los cabellos lue*n*gos y la barua cresçida. Y vino a ospedarse[4] en la su casa propia en tal manera q*ue* ninguno de los de su casa lo conoçio[5] ni*n* avn la su propia madre. E q*ue*riendo prouar lo que avia oydo de las mugeres, sy por ventura fuese verdad, llamo a vna de las syruientas de su madre y prometiole çierta suma de oro sy tratase con su sen*n*ora q*ue* aquella noche el estouiese con ella. E la sen*n*ora consintiendo dixo a la syruienta q*ue* a la noche lo fiziese entrar a ella. E como ella pensase q*ue* se avia de mezclar a el carnal mente, el començola

---

[1] Adriano.

[2] el *om. P.*

[3] oyo esta palabra oyo que se dezia.

[4] ospedar.

[5] conoscia.

de abraçar como a propia madre. Y durmiose entre las sus tetas[6] fasta la man*n*ana. Y a la man*n*ana quando ya q*ue*ria sallir y partirse[7], ella echando mano dél dixole: Tu has fecho aquesto por me tentar. El qual le rrespondio: No*n* lo quiera Dios, sen*n*ora madre; pero no*n* era digna cosa q*ue* yo manzille aquel vaso de a donde salli. E ella aq*ue*xandose q*ue* le dixese q*ui*en era el[8], le dixo: Yo soy[9] Segu*n*do, tu fijo. Estonçes ella pensando en sy mesma y no*n* podie*n*do sofrir la tal confusion, saliosele el alma. E Segundo sabiendo q*ue* por la su fabla avia aconteşçido la muert*e* a su madre, diose a sy mesmo dende adelante aquesta pena q*ue* jamas non fablase. Y asy guardo silençio y callamiento fasta su muerte.

E çerca de aq*ue*ste t*ien*po Adriano, enperador, viniendo en Athenas oyo dél, y fizolo venir a sy. Y p*ri*mera mente lo saludo, pero el callo. Estonçes Adriano dixole: Fabla, filosofo, por q*ue* aprendamos algo de ty. Pero el perseuerando en el proposito del su silençio, mandolo tomar el enperador y fizo al verdugo q*ue* lo lleuase al logar de los tormentos y q*ue* le persuadiese por el camino que fablase. Y sy fablase, q*ue* lo matase[10]; pero sy no*n* le rrespondiese y perseuerase en el su proposito, q*ue* lo boluiese a el. E el [fol. 70v] lleuandolo al logar de los tormentos, dixole: O, Segundo, ¿por q*ue* quieres morir por callar? Fabla y biue. Pero Segu*n*do posponiendo la vida, callando esperaua la muerte. E despues ya de llegado[11] al logar el atormentador le dixo: Estiende la çeruiz y rresçibe el cuchillo. Y el filosofo estendio la çeruiz posponiendo ya la vida[12]. Estonçes el atormentador tomolo de alli y lleuolo a Adriano, y dixole como avia callado fasta la muerte. Estonçes Adriano, marauillado de la constançia del filosofo, dixole: Por q*ue* esta tu ley del silençio q*ue* a ty mesmo te posiste en ningu*n*a manera no*n* la q*ui*eres rronper, toma a lo menos aq*ue*sta tabla y escriue en ella con tu mano alguna cosa. El qual escriuio en esta manera. Yo no temo a ty, Adriano, como q*ui*era que tu parezcas p*rin*çipe de aq*ue*ste t*ien*po. Y tu matar puedes a mi, pero non avras poderio de fazerme[13] pronu*n*çiar alguna boz. Adriano leyendo lo

---

[6] tentas.

[7] apartarse.

[8] aquexandose quien era le dixese.

[9] so.

[10] matasen.

[11] allegado.

[12] E el philosopho estendiendo la ceruiz posponia la vida.

[13] me fazer.

q*ue* avia escrito, dixole[14]: Bien as perseruerado en el tu proposito. Pero yo te fago algu*n*as quistiones[15] y tu rrespondeme a ellas.

[1] ¿Que cosa es mundo? El escriuio[16]: Mundo es çyrcuito[17] no*n* çesable, y corona de muchas formas, y tenor eterno, y çircuyto[18] syn error.

[2] ¿Que cosa es el mar oçeano? Abraçamiento del mundo, y termino coronado, y vinculo de toda cosa, y concurso de la natura, y sostenimiento del orbe, y audaçia de la vida[19], y linde de la t*ie*rra, y fuente de las te*n*pestades.

[3] ¿Q*ue* cosa es Dios? Mente ynmortal y alteza no*n* contenplable, forma multiforme, esp*iritu*[20] de muchas maneras, inquisiçion yncogitable, y ojo syn suen*no*.

[4] ¿Que cosa es çielo? Espera [*sic*] voltable y techo syn medida.

[5] ¿Que cosa es sol? Ojo del dia, y fermosura del çielo y de la natura, [fol. 71r] y çircuyto[21] de calor, y flama q*ue* non çesa, caminero çelestial, afeytador del dia, fermosura del çielo, y destrybuidor[22] de las oras por graçia de la natura.

[6] ¿Que cosa es luna? Purpura del çielo, ynbidia del sol, enemiga de malfechores, solaz de caminantes, enderesçamiento de nauegantes, sen*n*al de solepnidades, çirculaçion de los meses, ojo de la noche, demostraçion de las tenpestades.

[7] ¿Que cosa es onbre? Ment*e* encarnada, y alma trabajosa, y morada de pequen*no* t*ie*npo, rreceptaculo de esp*iritu*[23], especulador de la vida, desanparador de la luz, mouimiento eternal, caminero traspasante, huesped del logar, sieruo de la muerte.

---

[14] le *om.* *P.*

[15] o preguntas *add.* *P.*

[16] respondio.

[17] circuitu.

[18] circuitu.

[19] via.

[20] escriptura.

[21] circuitu.

[22] destruydor.

[23] escriptura.

[8] ¿Q*ue* cosa es t*ie*rra? Basis[24] del çielo, punto del mundo, y guarda de los frutos, y cobijadura del ynfierno[25], madre de los naçientes, y ama de los biuientes, tragadora de todos.

[9] ¿Que cosa es dia? Estudio de trabajo, rrecurso de los doze signos, y p*rin*çipio cutidiano, y cuenta perdurable.

[10] ¿Que cosa es ayre? Guarda de la vida.

[11] ¿Q*ue* cosa es luz? Haz de todas las cosas.

[12] ¿Q*ue* cosa son estrellas? Pintura del çielo, gouernaçion de navegantes, fermosura de la noche.

[13] ¿Q*ue* cosa es pluuia? Conçebimiento de la tierra, madre de las mieses.

[14] ¿Que cosa es niebla? Noche en el dia y trabajo de los ojos.

[15] ¿Que cosa es viento? Perturbaçion del ayre, y mouimiento de las aguas, y sequedad de la t*ie*rra.

[16] ¿Que cosa es agua? Socorro de la vida, alinpiamiento de las suçiedades.

[17] ¿Q*ue* cosa son rrios? Corrida no*n* desfallesçient*e*, rrefeccion del sol, y rregamiento de la t*ie*rra.

[18] ¿Que cosa es yelo? Secador de las yeruas, y vinculo de la t*ie*rra, y puente de las aguas.

[19] ¿Que cosa es nieue? Agua seca.

[20] ¿Q*ue* cosa es ynvierno? Destierro del estio.

[21] ¿Q*ue* cosa es verano? Parimiento de la t*ie*rra.

[22] ¿Que cosa es mug*er*? [fol. 71v] Confusion del onbre, bestia syn fartura, continua soliçitud, contienda que nunca desfalleçe, dan*n*o cutidiano, casa del onbre, estoruo de soledad, anegamiento del varo*n* non casto, vaso de adulterio, pelea apresurada, animal muy malo, peso muy graue, sierpe[26] syn fartura, sierua vmanal.

[23] ¿Que cosa es fermosura? Prendimiento natural, y forma de breue t*ien*po[27], y flor que se marchita, y carnal bien auenturança, y negoçio non conpuesto, y vmana cobdiçia.

[24] ¿Q*ue* cosa es amiçiçia? Ygualdad de coraçones.

[25] ¿Q*ue* cosa es amigo? Nonbre deseado, onbr*e* q*ue* pocas vezes se falla, fuydor[28] de las desaventuranças, posision q*ue* pocas vezes se

---

[24] vacin.

[25] de los infiernos.

[26] sienpre.

[27] tiempo breue *inv. P.*

[28] fuyda.

falla, fallador de la misericordia, folgança syn desfalleçimiento, bie*n* aventurança muy amada.

[26] ¿Q*ue* cosa es fee? Marauillosa çertidunbre de la cosa no*n* conosçida.

[27] ¿Que cosa es vida? Alegria de los bien aventurados, y tristeza de los mezq*ui*nos, esperamiento de la muerte.

[28] ¿Que cosa es muerte? Suen*n*o perdurable, desatamiento de los cuerpos, pauor de los rricos, deseo de los pobres, avenimiento q*ue* non se puede escusar, ynçierta peregrinaçion, lago del onbre, padr*e* del suen*n*o, fuyda de la vida, apartamiento de los biuos, y rresoluçion de todas cosas[29].

[29] ¿Que cosa es esperança? Rrefrigerio de los trabajos y dubdoso avenimie*n*to.

[30] ¿Q*ue* cosa es vejez? Mal deseado, muerte de los biuientes, termino comu*n*.

[31] ¿Q*ue* cosa es suen*n*o? Ymage*n* de muerto, folgança de los trabajos, y voto de los enfermantes, y deseo de los mezq*ui*nos, esperimento[30] de medicos, sabiduria de los velantes, solaz de los vençedores, y soluçion de los viçios, y folgança de todo esp*iri*tu.

[32] ¿Q*ue* cosa es labrador? Ministro de los trabajos, ygualador [fol. 72r] de los yermos, y fisico de la t*ie*rra, y plantador de los aruoles, y ygualador de los montes.

[33] ¿Que cosa es nave? Operaçion marina, y casa syn fundamiento, ave de madera, y salud no*n* çierta.

[34] ¿Que cosa es [nauta][31]? Caminant*e* por las ondas, y cauallero sobre la mar, y hueste del mundo, desanparador de la tierra, y tentador de las tenpestades.

[35] ¿Que cosa es letra? Guarda de la estoria y g*ua*rdador de la memoria.

[36] ¿Q*ue* cosa son rriquezas? Peso del avariento, y seruidunbre de los cuydados, y delectaçion vergonçosa, y invidia q*ue* non puede sanar, y deseo que non puede ser acatado, y cosa deseada, y cara muy alta, y aborreçible cobdiçia.

[37] ¿Que cosa es pobredad? Bien aborreçido, y madre de sanidad, y quitadora de los cuydados, y senda syn soliçitud, y falladora de la sabidoria, y posesion syn dan*n*o de los negoçios, y sustançia syn rreprehension de calupnia, y forma ynçierta, y bie*n* ave*n*turança

---

[29] las *ant. P.*

[30] esperamiento.

[31] natura *h. Enmienda practicada ya por Knust (1886: 383).*

syn soliçitud.
[38] ¿Que cosa es palabra? Magnifestaçion del coraçon.
[39] ¿Que cosa es libertad? Ynoçençia del onbre.
[40] ¿Que cosa es [...]?[32] Suen*no* del velante, casa del a*n*i*m*a.
[41] ¿Q*ue* cosa es cabeça? Cunbre del cuerpo.
[42] ¿Que cosa es çelebro? Guarda de la memoria.
[43] ¿Que cosa es cabello? Vestidura de la cabeça.
[44] ¿Que cosa es barua? Conosçimiento entre el macho y la fenbra.
[45] ¿Q*ue* cosa es fruente? Ymagen del animo.
[46] ¿Que cosa son ojos? Guiadores del cuerpo, y vasos de la lunbre, y demostradores del coraçon.
[47] ¿Que cosa son narizes? Abdoçion[33] de los manjares.
[48] ¿Que cosa es oreja? Sentidora de los sonidos[34]
[49] ¿Q*ue* cosa es boca? Gouernadora del cuerpo.
[50] ¿Que cosa son dientes? Mordedores de la bla*n*dura.
[51] ¿Que cosa es lengua? Açote del ayre.
[52] ¿Que cosa son beços? Puertas de la boca.
[53] ¿Que cosa son manos? Obreros[35] del [fol. 72v] cuerpo.
[54] ¿Que cosa es coraço*n*? Rreçeptaculo de la vida.
[55] ¿Que cosa es pulmon? Guardador del ayre.
[56] ¿Q*ue* cosa es fiel? Solitaçion[36] de la yra.
[57] ¿Que cosa es espleni[37]? Rresçebidor de la rrisa y de la alegria.
[58] ¿Que cosa es estomago? Cozinero de los manjares.
[59] ¿Que cosa son huesos? Fuerça del cuerpo.
[60] ¿Q*ue* cosa es sangre? Vmor de las venas, alimento de la vida.
[61] ¿Que cosa son pies? Fundamento mouible.
[62] ¿Que cosa son piernas? Colupnas del cuerpo.
[63] ¿Que cosa son venas? Fuent*e*s de la carne.
[64] ¿Que cosa es la que faze las cosas amargas ser dulçes? La fanbre.
[65] ¿Que cosa es la q*ue* non dexa al onbre cansar? La ganançia.

---

[32] *Igual laguna en P y en Ms. BN Madrid Vit. 18-7 Nº 41. Knust (1886: 385) prefiere puntuar:* ¿Que cosa es suenno del velante? *Pero la construcción sustantivo + genitivo se da sólo en las respuestas y no en las demandas.*

[33] adobacion. *h calca la forma latina:* adopcio.

[34] sentidos. *Knust (1886: 385) transcribe por error las respuestas de las demandas Nos. 47 y 48 en forma invertida, señalando en nota su verdadero orden.*

[35] ombros.

[36] sabsicacion.

[37] plen.

b) Versión latina

Realizamos la transcripción de la *Vita Secundi* que Walter Burley incorpora a su obra *Tractatus de vita et moribus philosophorum et de quibusdam dictis eorum* valiéndonos del manuscrito de la Biblioteca Nacional de Madrid Vit. 18-7 (*Olim* T. 9), fols. 50r-51v[1].

[fol. 50r]

De Secundo ph*ilosoph*o

Secundus ph*ilosoph*us Athenis claruit tempore Adriani imp*er*atoris, q*ui* ph*ilosoph*atus es*t* omn*i* t*em*pore silencium seruans, et pitagoricam vitam ducens. Causa aut*em* taciturnitatis eius hec fuit.

Cum paruulus esset, missus est a progenitoribus ad adiscendum et, cum in scolis esset, mortu*us* es*t* pater ei*us*. Audiuit a*utem* in scolis al*ii*s uerbum hoc q*uod* om*n*is mulier fornicatrix esset et inpudica. Tandem post multos annos in ph*ilosoph*ia p*er*fectus, remeauit in patriam suam comune*m* gerens p*er*egrinandi consuetudinem, baculum et peram circumferens, et coma capitis et barba prolixa. Hospitatus es*t* aut*em* in domo propria nemine domestico*rum* ips*u*m agnoscente, neq*ue* etiam propr*i*a matre. Vole*ns* [fol. 50v] igitur probare de mulierib*us* si forte verum esset q*uo*d audiuerat, vocauit una*m* de ancillis et promictens ei decem aureos si p*er*suaderet matri, at illa co*n*senciens ancille uespere fecit eum ad se introduci. Cumq*ue* illa extimaret se cum illo debere carnaliter comisceri, ille uelut propriam matrem amplectens inter ubera illius dormiuit usq*ue* mane. Mane aut*em* cum uellet egredi et discedere illa, apprehendens illum ait: Ut me temptares hoc fecisti? Qui dixit: Nequaquam, d*omi*na mater, neq*ue* enim dignum es*t* uas maculare unde exiui. Illa sciscitante quis esset, rr*esp*ondit: Ego sum Secund*us*, filius tuus. Et illa recogitans in se ipsa et no*n* ferens co*n*fusionem exanimata es*t*. Secu*ndus* vero sciens q*ue* per eloq*ue*nciam suam mors matri contigisset, hanc ad se in posterum exigit penam, ne ampli*us* loq*ue*retur. Et sic usq*ue*

---

[1] Según me informa el Profesor Barry Taylor, hay otros manuscritos de la *De vita et moribus philosophorum* en España: Ms. 20-3-7 de la Universidad de Barcelona, Ms. 161 de la Catedral de Valencia y posiblemente Ms. 7-7-13 ó 5-1-13 de la Biblioteca Colombina (Sevilla).

ad mortem taciturnitatem seruauit.

Circa uero id*em* tempus, Adrianus imp*er*ator veniens Athenas audiuit de illo, eumq*ue* ad se uenire faciens prius eum salutauit. Ille aut*em* tacuit. Tunc Adrianus ait: Loquere, ph*ilosoph*e, ut a te aliquid discamus. Illo aut*em* in proposito silencii perseuerante, dixit Adrian*us* Triponti: Fac ut ph*ilosoph*us unu*m* verbu*m* nobis loquatur. Tripontus aut*em* vocans spiculatorem euocans, ait: P*er*suade eum uia ut loq*ua*tur. Si p*er*suasus responderit, decollabis eum; si vero non responderit, reduc eum ad me. Ducebatur aut*em* Secund*us* ad locum tormentor*um*, cui spiculator dixit: O Secunde, quare taces morieris? Loquere et uiue! Secundus aut*em* vitam p*ar*uipendens mortem tacitus spectabat. Spiculator vero ducens eum ad locum destinatu*m*, ait illi: Extende ceruicem et suscipe gladium. Ille extendens ceruicem vita*m* posposuit. Apprehendens igitur eum duxit ad Adrianum dicens Secu*n*du*m* vsq*ue* ad mortem tacuisse. Tunc Adrian*us* admirat*us* ph*ilosoph*i constanciam dixit ei: Q*uod* lex ista silencii quam tibi proposuisti nullo modo solui potest, sumens tabulam istam scribes [*sic*] et saltem manu tua loq*ue*re. Q*ui* sc*ri*psit in hunc modum: Ego q*ui*dem, Adriane, non te timeo, sed princeps huiusmodi temporis videris existere. Me q*ui*dem occidere potes, sed vocis mee proferende nulla tibi potestas e*st*. Adrianus aut*em* legens ait: Bene excusatus es; sed adhuc q*uæ*dam tibi problemata propono, ut ad ea m*ihi* respondeas, quo*rum* p*ri*mum e*st*:

[1] Q*ui*d e*st* mund*us*? Ille rescripsit: Mu*n*dus e*st* incessabilis circuitus, spectabilis suppelex, corona multiformis, et eternus tenor, et circuitus sine errore.

[2] Q*ui*d e*st* occeane*us* [*sic*]? Mu*n*di complexus, termin*us* coronatus, vinculum universe nature, circu*n*cursus orbis, sustentaculus et audacia uie, limes terre, fons imbrium, refugium in p*er*iculis, gra*tia* in uoluptatib*us*.

[3] Q*ui*d e*st* De*us*? Inmortalis mens, incontemplabilis celsitudo, forma multiformis, multiplex[2] [fol. 51r] sp*iri*tus, incogitabilis inquisitio, insopitus occ*ulus* om*n*ia continens, lux et bonum.

[4] Quid e*st* celum? Spera uolubilis, tectum inme*n*sum.

[5] Q*ui*d e*st* sol? Occul*us* diei, noctis concreatio, celi et nature pulcritudo, caloris circuitus, splendor sine occasu, indesines [*sic*] flam*m*a, celestis uiator, ornat*us* diei, celi pulcritudo, nature gra*tia*, horar*um* distributor.

[6] Q*ui*d e*st* luna? Celi purpura, solis emula, malefactor*um* inimica,

---

[2] *Reclamo:* tiplex.

solamen itinerancium, directio nauigancium, signum solempnitatum, recirculatio mensium, occulus noctis, largitio roris, presagium tempestatum.

[7] Quid est homo? Mens incarnata, laboriosa anima, parui temporis habitaculum, spiritus receptaculum, fantasma temporis, speculator vite, lucis desertor, uite consumptio, eternus motus, transiens viator, loci hospes, mancipium mortis.

[8] Quid est terra? Bassis celi, meditullium mundi, gignasium vite, fructuum custos, operculum inferni, mater nascencium, uiuencium nutrix, deuoratrix omnium, celarium vite.

[9] Quid est dies? Studium laboris, duodecim signorum recursus, principium cothidianum, eterna computacio.

[10] Quid est ær? Custodia uite.

[11] Quid est lux? Facies omnium rerum.

[12] Quid sunt stelle? Pictura culminis, nautarum gubernatio, noctis decor.

[13] Quid est pluuia? Conceptio terre, frugum genitrix.

[14] Quid est nebula? Nox in die et labor occulorum.

[15] Quid est uentus? Aeris perturbatio, nobilitas [*sic*] aquarum, siccitas terre.

[16] Quid est aqua? Subsidium uite, absolutio sordidum.

[17] Quid sunt flumina? Cursus indeficiens, rrefectio solis, irrigatio terre.

[18] Quid est gelu? Siccator herbarum, vinculum terre, pons aquarum.

[19] Quid est nix? Aqua sicca.

[20] Quid est hyems? Estatis exul.

[21] Quid est uer? Parturicio terre.

[22] Quid est mulier? Hominis confusio, insaturabilis bestia, continua sollicitudo, indesinens pugna, cothidianum dampnum, dominus hominis, sollitudinis impedimentum, viri incontinentis naufragium, adulterii vas, perniciosum prelium, animal pessimum, pondus grauissimum, aspis insatiabilis, humanum mancipium.

[23] Quid est pulcritudo? Naturalis captio, parui temporis fortuna, flos marcidus, ca[r]nalis felicitas, inconpositum negocium, humana concupiscencia.

[24] Quid est spes? Ymago Dei.

[25] Quid est amicicia? Equalitas animorum.

[26] Quid est amicus? Desiderabile nomen, homo vix apparens, infelicitatis refugium, non inuenienda possessio, misericorde repertor, indeficiens quies, amanda felicitas.

[27] Quid est fides? Incognite rei miranda certitudo.

[28] Q*ui*d e*st* uita? Beator*um* leticia, miseror*um* mesticia, expectatio mortis.

[29] Q*ui*d e*st* mors? So*m*pni*um* etern*um*, dissolutio corpor*um*, diuitium pauor, paup*er*um desiderium, ineuitabilis euent*us*, incerta p*er*egrinatio, loc*us* hominis, sompni pater, [fol. 51v] fuga uite, uiuor*um* desercio, resolutio omnium.

[30] Q*ui*d e*st* spes? Refrigeriu*m* laboris, dubium euent*us*.

[31] Q*ui*d e*st* senect*us*? Optatum malum, mors viuencium, ueneris spers, spreta mors, mortis metacionis [*sic*], expectata mors, incolumis langor, spirans mors.

[32] Q*ui*d e*st* sompnus? Mortis ymago, laborum quies, infirmancium uotum, miseror*um* desideri*um*, medicorum exp*er*imentum, sapiencia uigilancium, solacium uictor*um*, vicior*um* solutio, uniuersis sp*irit*us requies.

[33] Q*ui*d e*st* agricola? Laborum minister, heremi cœquator, op*er*ator esce, terre medicus, arborum plantator, moncium cœquator.

[34] Q*ui*d e*st* nauis? Marina op*er*acio, dom*um* absq*ue* fundamento, auis lignea, salus incerta.

[35] Q*ui*d e*st* nauta? Fluctuu*m* viator, equitator marinus, hospes orbis, terre desertor, tempestatu*m* temptator.

[36] Q*ui*d e*st* lictera? Custos hystorie, seruator memorie.

[37] Q*ui*d sunt diuicie? Auari pondus, curar*um* minister, delectacio verenda, insanabilis inuidia, desiderium inexpectabile, res desiderata, os excelsum, invisa concupiscencia.

[38] Q*ui*d e*st* paup*er*tas? Odibile bonu*m*, sanitatis mater, curar*um* remotio, semita sine solicitudine, sapiencie repertrix, negocior*um* sine dampno possessio, absq*ue* calupnia indetractabilis s*ub*s*tanti*a, incerta forma, sine solicitudine felicitas.

[39] Q*ui*d e*st* uerbu*m*? Proditor animi q*uo*dq*uo*d [*sic*] gen*er*at uerba [et] lingua.

[40] Q*ui*d e*st* libertas? Ho*min*is innocencia.

[41] Q*ui*d e*st* [...] uigilantis sonus, domicilium anime.

[42] Q*ui*d e*st* caput? Culmen corporis.

[43] Q*ui*d e*st* cerebrum? Custos memorie.

[44] Q*ui*d e*st* coma? Uestis capitis.

[45] Q*ui*d e*st* barba? Sexus discretio.

[46] Q*ui*d e*st* frons? Ymago animi.

[47] Q*ui*d sunt occ*u*li? Duces corporis, uasa luminis, indices animi.

[48] Q*ui*d sunt nares? Adopcio cibor*um*.

[49] Q*ui*d e*st* auris? Sonnor*um* censor.

[50] Q*ui*d sunt dentes? Molle mordentes.

[51] Q*ui*d e*st* os? Nutrictor corporis.
[52] Q*ui*d e*st* lingua? Flagellum æris.
[53] Q*ui*d sunt labia? Ualue oris.
[54] Q*ui*d sunt man*us*? Op[er]arii corporis.
[55] Q*ui*d sunt digiti? Op*erum* plectura.
[56] Q*ui*d e*st* cor? Receptaculum uite.
[57] Q*ui*d e*st* pulmo? Seruator æris.
[58] Q*ui*d e*st* iecur? Custodia cordis.
[59] Q*ui*d e*st* fel? Suscitacio iracundie.
[60] Q*ui*d e*st* splen? Risus et leticie capax.
[61] Q*ui*d e*st* stomach*us*? Cibor*um* coqus.
[62] Q*ui*d sunt ossa? Robur corporis.
[63] Q*ui*d e*st* sanguis? Humor uenar*um*, alime*n*tu*m* vite.
[64] Q*ui*d sunt pedes? Mobile fundame*n*tum.
[65] Q*ui*d sunt crura? Columpne corporis.
[66] Q*ui*d sunt coxe? Cruriu*m* episcilia.
[67] Q*ui*d sunt uene? Fontes carnis.
[68] Q*ui*d e*st* q*uo*d amaru*m* dulce fecit? Fames.
[69] Q*ui*d e*st* q*uo*d hominem lapsum fieri non sinit? Lucrum.

Índice de manuscritos

Índice onomástico y de títulos

Índice General